JN254382

精神科医が導く「こころが疲れたなぁ」と思ったら読む本

精神科医 浅川雅晴

ロング新書

はじめに

平成から次に新しく、どんな「年号」がつけられるのか、楽しみである。

日本が新しい時代を作り出そうとしている。外国の人達が多く日本に住むようになる。耳慣れない外国語も今以上に使われるでしょう。

そこへ、機械化が進み、自動運転の車、言葉を発すると動くロボットが登場。困惑の時を迎える中に身を置くことになる。

「自分が何者であるか」「自分がどうしたら良いか」自分をしっかり持たなくては、困惑の時に押し流されてしまう。

今までは、学校で勉強だけ頑張れば、何とか前に道が開けていた。大人は、会社で仕事を頑張ればそれで良かった。

新しい困惑の時代は、それだけでは十分でない。
それでは、何をすれば良いのか？
今までの固定概念をはずし、自分自身を変える「心のチェンジング」が必要になる。

「こうで、こうあるべきだ」
という固定概念をはずし、柔軟な気持ちで、物事をみる。そして受け入れる努力をし、心のチェンジング、「気持ちの切り替え」で新しい自分を作り出す。

今までは、嫌だったことにでも、向き合える。
自分にはできないと思い込んでいたことができるようになる。隠れた才能を発掘することになる。

人生は、うまくできていて、本当の才能は、壁にぶち当たった時に、飛び出してくる。

今、嫌な境遇に身を置いていたとしても、諦めたらいけない。

人生の変わり目に立っている。

「ここでしっかり踏んばるんだ！」

ここが踏んばり所だ。

あなたの人生の「第一、第二、第三」の幕があがる。

自分が持つ力を信じて下さい。誰だってできることがある。

「人にだけ、今から変われる力が与えられている」

浅川雅晴

第1章 何事もやってみなければわからない

第2章 続けていればきっとできる

第3章 自分で自分をほめてあげよう

第4章 泣けるだけ泣く、心の毒が出る

第5章 自然はいい、自然に人は癒される

第6章 ほんの少しの思いやりとやさしさを持とう

第7章 病院のロビーに立つと健康がありがたいと思う

第8章 生きている間は一生青春だ

第9章 今日も無事に終わったことが幸せだ

第1章

何事もやってみなければわからない

1 人に陰口を言われても「今は仮の姿、明日は晴れ舞台」

夫をある日、突然脳梗塞で亡くした妻が、不眠になり、開業したばかりの僕のクリニックにやってきた。夫が急死すると、子供の学費にも困ることを身をもって教えられた患者さんであった。

奥さんの先々の不安を思うと、慰める言葉も思いつかなかったが、考えることなく口をついて出た言葉がある。

「人に陰口を言われても、『今は仮の姿』と思って、息子を育てることだけに専念しましょうよ。息子が育ったら、晴れ舞台じゃないですか」

奥さんは、何を思ったのか、「そうですね。そうだ、こうしては、いられない」と言って席を立ち、職安（ハローワーク）に行くと出ていった。

二、三日後の昼に、あわてて階段を上がってきた。

「二切れ入ったケーキ」を持って。

「先生、ビルの清掃会社へ入れました。それじゃあ、行きます」と風のように去っていったのです。

そして三年間が過ぎ、息子が高校を卒業したと知らされた。

息子は車の会社に入社が決まったとハガキに書いてあった。

「あの日、先生に『今は仮の姿、明日は晴れ舞台』と言ってもらわなかったら、今日を迎えられなかった。

清掃モップを握りしめ、『今は仮の姿、明日は晴れ舞台』と何百回も言いながら明日という日を夢見ながら今日を迎えられた。次は、自分の夢である焼鳥屋を出します」と言って生まれ故郷へ帰っていった。

何年かして「焼鳥屋の一杯飲み屋が成功して、家を買ったので東京の息子夫婦と孫とで住みます」と年賀状に書いてあった。その年賀状を読むたびに、今では患者さんであった奥さんが、逆に教えてくれる言葉になってしまったと思う。

患者さんに教えられることが多いから、僕も育つことができている。

「毎日が仮の姿、明日は晴れ舞台」と思うことで頑張れます。

2 今は叶わない夢であっても、明日は叶うかもしれない

「運の別れ道が感じられたらいいのに……」と思う。

コツコツと積み上げてきた努力がある。だが、つまらないことで、喧嘩をしてしまった。会社に行きたくなくなった。遅刻するようになった。上司から注意を受けた。悩みは、「喧嘩をした相手のことと上司に叱られたこと」との二つになった。

目的としていた夢は、どこかに置いてきてしまった。悩む日々が増えた。体調が悪くなってついに辞表を提出した。

本人が体調を悪くしてクリニックを訪れた。彼が言うには、「中学、高校、大学時代、塾と学校を往復して終えて、やっと入社した。それなのに、その商社を退職した。いったい今までの努力は何だったのかと疑問を持つようになった。眠れない日々でうつ病になった」。まだ、二六歳だと言うのに、心の病を出してしまった。

もし、彼が対人関係に強い育ち方をしていたなら、つまらない喧嘩で会社をやめる方向

にはいっていない。対人関係に強い育ち方をしていたならば、人に謝ることができたはず。喧嘩の傷を大きくしたのは、彼が一流大学卒業だというプライドで、一歩もゆずれなかったからかもしれない。

現在、若者で働いていない人達の中には、こうした理由で職場を転々としている人もいるだろう。ほんの少しプライドを落として、いっとき我慢をしてくれたなら、明日につながる夢は叶うのに、と思うことがある。

今まで全て順調にきた人が、石コロにつまずいて転ぶ。その石コロとは、上司の注意だったり、同僚と気まずくなったことだったりする。

人生は長い。喧嘩したり、不愉快なことが起こったりという辛さは、人生にはセットでついていることを教える親との会話が少ないため、独りで悩みをかかえこむ。

入社して一〇年間は、叱られてなんぼの世界だという自覚がない。だから挫折する。一度挫折すると、また、人にイジメられるのではないかという恐怖感が先に立ち、臆病になる。暗い印象を自らあたえてしまう。

そんなことがないように、「明日は叶う夢かもしれない」と自分の人生を信じる気持ちをもって、一日、一日を爽やかに過ごしていこう。

3 何事もやってみないとわからない

自分にはできないと頭で決めつけている事柄が誰にもひとつやふたつあると思う。できないと思っている事柄を書き出してみよう。
仕事が終わって「アフター5」にやってみる勇気を出してみよう。

男の僕が、料理をするなんて考えもしなかった。
台所に立ってカレーを作ることになった。
最初のカレーは想像していた味からは、かけ離れていた。ガックリ肩を落とした。
何が足りなかったのだろう。
想像している味に近づくために、材料にこだわるようになった。
まずまずの味になったが……、何かもの足りない。これではない！
仕事が終わって材料を探してみる。自分自身の時間を楽しめるようになった。そうこうしているうちに、野菜カレーと牛肉カレーが少し上手にできるようになった。

カレーには隠し味が重要であるとわかった。

カレーを作っている時は、カレーにどっぷりはまっている。何も考えていない自分がそこにいることに気づいた。

趣味を持つということは、仲間も増えるという良さがあるが、自分が夢中になって玉ねぎを切って目の痛さと戦っていたり、またコトコト煮えてくる音が心を休ませてくれたりする。それに加えて、おいしい匂いも伝わってくる。

料理をしている間は、名コックになっている自信過剰の自分の一面を見ることができた。

人に何と言われようと、「これでいいのだ！」という時間を持つ大切さに気がついた。

「何事もやってみなければわからない」という精神を持つことで、自分の世界は広がっていく。

頭で考えてやれること、やれないことを選別するのではなくて、やってみないとわからない精神で、体当たりすることによって、隠れている能力が見つけられる。たぶんその人の能力は、隠されていることが多い。やった人にだけ与えられるようになっているのが、隠された才能だと思う。

能力が隠されていなかったら人は努力して探さないのだろうと思う。だから能力は、嫌いと思われる所にポイントを置いて隠されているのだ。

症例 母親に愛され、過保護に育った四七歳男性。

その母親が突然、脳梗塞で亡くなった。うつ病を発生した彼は、仕事に行けなくなった。

今は、母親の残した財産で暮らしている。何もやる気がない状態。

このままでは五〇歳、六〇歳になった時、財産がなくなってしまう。

私は彼に「人はやってみないとわからないのだから、どんな職でも、見つけてくるように」と言った。

やがて彼は運送会社へ入社でき、一日中汗をかいて働くようになった。

今では、不眠も治った。財産があっても「働く喜び」を得たと話してくれた。

4 人生の大ヒット

部長に仕事が遅いと叱られる。入社から怒られっぱなしだ。
取り引き先から苦情の電話が入ってくる。
君が謝《あやま》りに行ってくれ。
心の中で「部長が行けば良いのに…」と思った。
実に嫌な仕事をおおせつかった。

でも、嫌な仕事をさせられる時は、大チャンスの前ぶれ。言葉に出して「道を歩きながら大チャンス、大チャンス」部長の嫌な顔を今日は見なくてすむ。
「大チャンス、大チャンス」と言いながら先方に着いた。

電話で怒っていた取り引き先の社長が目の前に現れた。

「部長が来ないでおまえが来たのか？」

「まあいいから座れ」四五分間、相手は立て板に水がごとく怒りながらしゃべる。おそるおそる、今までの流れをメモしていいですか？　と尋ね、メモを取りながら時々謝る仕草で頭を下げる。

約一時間半が過ぎた。

相手が「腹がへった。君、昼飯まだだろう」

「飯を食いに行こう」と言った。

大きな声で「ハイ、行きます」と返事。

そばと天丼を食べさせてもらった。

こんなご馳走は東京へ来て初めてだ。嬉しいと言った。

「そうか、うまいか」

「ハイ、うまいです。田舎の父と飯を食っている気分です」と言ったら、カンカンに怒っていたのに、「君、帰りに会社へ寄りなさい。新しく品物をオーダーする伝票を書くから、持って帰って部長に叩きつけてやれ!!」

「本当ですか、僕、生まれて初めて嬉しさが胸の奥でジーンとしています。本当にありがとうございます」

深々と頭を下げて感謝を伝えた。

半年後、部長に怒られていた彼が昇進したのである。

嫌な仕事が回ってくる時は、大チャンスかもしれないと思って仕事をすれば、丁寧な仕事ができる。

彼は、一番先に「昇進が決まった」と報告に行った。

「なぜ、知らせに来たんだ」と言われた。

「東京のおやじさんと思っている」と伝えると、怒りんぼの社長が、初めて笑顔を見せてくれるのであった。

5 贈る言葉

　一人ぼっちのクリスマス、それがどうした。

　学生時代から勉強そして勉強づけで、毎年クリスマスは独りぼっちだった。医師になったら、この苦しみと悲しさはなくなるのだろうかと思った。医師になっても、医局の中でしたくない仕事が回ってきた。夜勤で独りぼっちのクリスマスが毎年続いた。まるで、先の見えないトンネルの中を歩いている気分であった。

　このうんざりした嫌な気分は、どこから来ているのだろうかと思うことがしばしばだった。

　生きるためには、太陽が必要なのに、忙しさを理由に外に出て、空を見上げる心の余裕さえなかった。

独りぼっちのクリスマス。

早く、クリスマスとお正月が終わるといいのにと、心がすねてしまっていた。

時は流れ、青年時代は過ぎた。胸の奥にある孤独は、学生時代とあまり変わっていない。

そんなある日、子犬が道に捨ててあった。

道端で「ヒィ～、ヒィ～」と声にならない泣き声に後先も考えず抱きあげた。

それが運のつき。獣医さんの所へ行き、ポケットにあるだけのお金を全部カウンターの上に置いて、「これで、できるだけの手当をして下さい!!」と言った。

そこから孤独だった日々が、主婦が走り回って買い物をしている姿と全く同じになった。

私の人生の切り換えが行われた気がした。

気がつくと、私が大切にしているものは、子犬の歯型でガシガシになっている。

怒るよりも先に、何でもそこらへんに置いている自分が悪いんだと反省した。

フランスパンを食べていると、「少しくれてみろ」と言う。外側の部分をあげる。顔を横に振って、違う、違うと言う。

ふわふわの内側の部分をあげると、「美味しい、美味しい」と言って顔を上に向けて食べている。外側の硬い部分を食べるのが私。

この娘のおかげで孤独だった私の心に、クリスマスツリーのような明かりがついた。

人それぞれ、幸せは違うが……。

生まれて初めて、我慢していても幸せだなあ～と思える日々に変わった。

獣医さんに、「今日、明日が山だね」と言われた子犬が、今では飛んだり、跳ねたりしている。

命は光っていると感じる日々だ。

この娘とめぐり逢わなければ、青い空と真っ赤に染まる夕焼けを美しいとは感じなかっただろう。

どんな方にも苦しい時期はあると思う。

人生には、早いか遅いかの差はあるが、必ず心の切り変え時点の「心のチェンジング」が訪れる。

退屈でつまらないと思ってうんざりしている時に、「心のチェンジング」が起こりやすいのである。

退屈でつまらなくても、堅実にこつこつ生きている人は、人生の切り変え「心のチェンジング」がうまくできる気がする。

どんな仕事でも、いきづまる時がある。

いきづまる時に、いかにしてその場をしのぐかが幸せの扉を開けられるかのコツだろう。

6 やる前に答を出してしまうと前へ進めない

生活の中で、やってみなければわからないことがいっぱいある。

僕がそうじをするなんて、する前は無理、無理と答を出していた。スーパーマーケットで買物をして大きな荷物を持つなんて無理に決まっていると思っていた。

犬を飼うようになって一〇年経つ。

以前は多くのことを無理、無理と思っていたので、やらなかった。

犬は自分の子供と同じように家族の存在だから、できないと思っていた雑用も自然にすることができるようになった。大きなリュックサックに犬と遊ぶボールと、リールを入れて、犬のフンを取る紙、ビニール袋、小物を入れて行く。

公園に着くと、犬がリュックサックに飛び上がってくる。「ボールを早く出せ」と言う。なかなか取り出せないと「早くしろ」と飛び上がる。ぶつかってくるから、ハンパなく痛い。犬の爪で太股をひっかかれる。痛さに耐えることで、面倒くさい日常の我慢も犬に教えられた。

公園のベンチでサンドイッチを食べコーヒーを飲む。今まではランチはレストランで食べていたが、今は犬がいるからランチは公園が多くなった。

一〇年間を思い出すと、やる前に無理と決めていたこともずいぶんできるようになったと思った。

人は愛する家族が増えると、自然に努力して変わっていけるんだなと思った。

やる前にできないと決めて、自分はしなくていいと逃げる。

人生は前進しなくなる。きっと、若いうちにやるか？　中年でやるか？

老人になってからやるか？　の違いだけなんだろう。

生まれてきた以上、みんなどこかで、自分の嫌なことと向かい合っていく必要がある。

だったら、若い時から嫌なことをすすんでやる人間になったら、後は、嫌なチケットは使い切っているので、楽しいことしか残っていないだろう。

考え方ひとつで人は変われるのだと思う。

7 仕事が辛い時代ほど、自分が育っていることを忘れたくない

「こんな仕事やめたろうか！」と思うことがある。好きで入った仕事でも、そう思う日がくることがあるだろう。

「でも、腹を立ててやめたら損だ」

できない場面と向き合う時ほど、できるようになる自分が育つ時です。ここでやめたら、コンプレックスがつきまとい、自信を失う自分が別な形で育ってしまう。自信を失った自分が別な形で育つことは、へそまがりの性格の悪い人間が育ってしまうということ。

それは、やっかいな人生を作り出してしまう。

職場で嫌われものになることが多く、孤立してさらに嫌われる形を作ってしまう。

恋愛がへたになったり、独身で過ごすことになったり、孤独な人生を送るはめになる。

仕事が辛い時ほど、家族に相談したり、同級生と話したり、心を話せる相手をまず見つけよう。自分が望む答を聞くことができなくても、話したことで心が軽くなる。

心が軽くなると、整理整頓ができる。今何をすべきか？　耐えていく心構えができる。腹に力を入れて「ようし、こい」と気合いが入る。

平成に入り、仕事が機械化されパソコン、インターネット、ケイタイ等々職場の上司が直接部下に教える場面も少なくなっている。昭和時代の前も、その前も仕事は先輩のすることを盗んで覚えるのが、決まりであり、仕事が辛いのが当たりまえだった。

時代の流れで人と人とを結んでいた「技の競い合い」の場所に、機械が居坐るようになった。そこで、人と人が接しなくとも機械と向き合えば大半のことができてしまうようになり、人が人に叱られることに対して、強いストレスを感じるようになってしまった。

自分が一人前に育つには、先輩に叱られてもついていく心を持たないと、結局は挫折してしまうことになる。転職、転職が自分の成長を遅らせていることにつながるのです。

アドバイス　辛い時は、何もわからないが、時が過ぎ、思い出になってくる。その多くの思い出は辛い時のことです。

体験記憶として一生残る財産が、辛い時の修業です。そこを通り越すことによって、多くの困難と立ち向かえる心と体ができるということを覚えておきましょう。

8 悩みをうちあけて軽く流された。本気で悩んでいたことが馬鹿馬鹿しいと思えた

くる日もくる日も同じ場所を堂々めぐりしている。そういう気がしてならなかった。

家を出て病院へ向かって、九時から外来患者さんに会って、午後六時すぎ病院勤務が終わる。自分の中で本当にこれでいいのかと思う。大学病院での下積みをしている一〇年間に本当に悩んだことがある。

友達に必死な思いで話をした。話が終わると彼は言った。

「人生いろいろなことがある。そんなに悩むことではないよ」と面倒くさそうな答が返ってきた。

いつだって彼はいいかげんな返事しか返してこない。だから、僕も話せたのかもしれない。もし、真面目な彼だったら、二人で悩んで暗くなっていただろう。時にはいいかげんも必要かもしれない。

本気で悩んでいることが、馬鹿馬鹿しいと思わせてくれる人っている。今思えば、彼は

貴重な存在の人だ。

悩む時は、一点だけを見て悩んでいるから周りが見えなくなる。黒一色の中に自分が入っているから、真黒になってしまう。それが悩みの特徴だ。黒一色の中から離れると、たいした悩みではなかったりする。

周りが見えなくなっているだけではなく、悩んでいる時間のまま将来もそこにいると思う錯覚が人の心を不安にさせる。時間が過ぎれば、今悩んでいる重さでは悩んでいないと言いたい。だから恋愛に失敗しても受験に失敗しても、時がすぎれば悩んで苦しんだことも、その人の人生の栄養になっている。

すごく悩んで苦しんでいる時は、あえて美しい映画を観て、時間をそっと流していくとよい。

悩んで苦しい時は、時間を軽く流せることをすると、うつ病や心身症にならずにすみます。

時には、いいかげんに時を流すコツをつかむと、長い人生が楽しくなります。

9 毎日できる七分間を守ろう

退屈でどんよりとした気分の時がある。

七分間だけ働いてみる。
三分間でゴミ出し。
四分間で掃除機をかける。

七分間はどんよりとしていたが、その後の気分は爽快になっている。「やればできる」自信がつく。

七分間だけ働く技を身につけよう。

窓ふき三分間、バスルーム、トイレを四分間で済ませる。
七分間は毎日やれる時間内である。
七分間で「あれとこれを」しようとする

脳の回転が良くなる。同時に、指先を使っているので脳が活性化されていく。
同時に歌を唄う。そのことで、物忘れが少なくなる。二～三週間で効果が出てくる。
自分が好きな歌を唄いながら窓ふきをしよう。
自分が好きな歌を唄いながら次の事をする。
一曲が約二分と思い、作業をしよう。

退屈と、どんよりとしたうつ気分が改善される。

毎日できる時間、七分間を守ろう。アルツハイマーの予防にもつながっていく。

10 幸せになるコツ

「幸せになりたい」と思ってもなかなか幸せに近づけない人の多くは、本気で幸せになりたいと思っていない。しなくても良い飲み会ばかりしている。

まず、床屋さんに行って、サッパリ髪をカットしてもらおう。気分がスッキリする。何となく、いい男になった。幸せ気分の時は、口角が上がる。顔の筋肉が上を向く。表情が明るくなる。モテ顔になる。

部屋に華やかな「ゆり」の花を三〇〇円で買う。帰宅した時に、おかえりと言ってくれる。いい香りで迎えてくれる。

ゆりの花はまさに生きているから、心の疲れをいやしてくれる。

部屋の窓ふきをするだけで、上、下に動かす運動で息が上がる掃除が終わる。

達成感と有酸素運動により、スッキリ感が加わる。


「幸せになりたい」と思うなら、自分自身がスッキリすることを体を動かしてやってみる。


両親の手伝いをしてみる。普段やらないことをやり始めると、自分を取り囲んでいた空気の流れが変わる。

「気分のチェンジ」が起こってくる。

自分の動きが変わってくる。


今まで気にしなかった、「花の値段」「野菜の旬」「魚の旬」まで知るようになる。

人と話をしても、話題豊富になり、人から誘われることが増える。

多くの人と交流するようになる。

気がつけば幸せになっている。

心の切り変えをして、見向きもしなかったことに、目を向けて、自分にできることをやってみよう。

幸せになるということは、自分ができないと思い込んでたことができるようになることかもしれない。

本気で幸せになろうと思って英語も始める。外人になった気分を味わえる。少し楽しくなっていくのである。

第2章

続けていればきっとできる

11 自分の力を信じる人は、能力が形になって前に出る

自分の力を信じる人。それは練習量の多さで決まってくる。

上手になりたい一心で練習を続ける、昨日も今日も変わりばえしない。だが、ある日の練習で、昨日までできなかったことができるようになった瞬間がくる。自分の中から能力が形になって前に飛び出る。

その最初が「やれた」「わぁ〜できた」という言葉である。

スポーツだけではない。勉強だって同じことがおこる。

ひとつの法則が理解できると、次の法則も理解できるようになる。脳の中に理解できるネット回路が作られて、次のネットへと結びつきが早くなるから、自ら考えるという動作をすることで、ネット回路は柔軟になる。新しい情報を吸収しやすくなる。そこで早く覚えられる動作になっていく。

小学校ではあまり勉強が得意でない普通の人が、中学生、高校生で急に成績を伸ばしてくることがある。

そういう人達は、自分の力を信じてゆっくり、ゆっくりトレーニングを積み重ねている。脳回路がいつしか多く張りめぐらされて、勉強の問題を瞬時に答えられるようになる。スポーツであるなら瞬時にボールを打つ態勢が整う。

努力を積み重ねている時は、これといって光る能力が出ないことが多い。

凡人は自己判断を下すことが多くなる。「自分が上達しないのは、このスポーツに向いていないのでは?」だったら「もういいか?」と自己判断を下してしまう。

自己判断しないで、続けていたら、能力が発揮できるのが明日かもしれなかった。すぐれている人と凡人との差は、あまりないことが多い。勝手な自己判断が能力を出し切れない状況を作っていると思えて仕方がない。

スポーツが大の下手だった僕が、ずっとひとつのスポーツ、ゴルフを何十年もやってきてそう思った。驚くほどすごい瞬間を何度も味わい、また何度も挫折した。

でも意味もなく次の朝は、普通にゴルフクラブをにぎるようにした。

そうしたら自分の力を信じられるようになった。嫌いだった自分を好きになれた。

症例 中学二年生の男子。不登校ぎみで親と二人でクリニックへ受診した。

デイケアというリハビリプログラムに参加してもらうが、来たり、来なかったりだった。

ある日、彼に言った。「自分の力を信じて、思っていることを、行動に移す努力をしてみろよ」と。

しぶしぶだが、学校に顔を出すようになった。

デイケアには来なくていいから、体で表現できる部活に入れと言った。そして野球部で球ひろいをするようになった。友達ができるようになった。クリニックも卒業となった。

12 辛い時でも消えない夢をもっていると叶えられる日がきっとくる

幼い時はいっぱい夢があった。電車の運転手になりたかった。タクシーの運転手になりたかった。遊園地で働きたかった。

いっぱいあった夢が、学童期から少しずつ消えていった気がする。毎日勉強、そして、また勉強をしていた記憶が残っている。いつしか、何とか勉強を一気に覚えてしまえるタイムマシンみたいな機械があればいいのにと、考えていた。

その頃に、ドラエモンを見た。

自分も願いが叶うものが欲しかった。消しゴムを削って、秘密のマシンボックスを作った。消しゴムを削っている時は、夢の中にいた。

「学校は毎日休み、学校に行く日は、午前中だけ。あとは、塾もないし家庭教師も来ない」「好きな大相撲も観て、好きなせんべいを抱えながら食べて」そんな夢をみて、消しゴムを削っていた。

「宿題はすんだの？」と母親が大声を出す。

現実にひき戻された。

友達は野球をしに行っているのに、僕は勉強だなんて……気持ちが腐ってしまった。

そんな日々ばかりだったから……、大人になったら自由にしたいことをしたいと強く思った。


まっさきに、したいことを書いておこう。

医大を卒業したので引越しをした。子供の頃のものを処分しようと引き出しをあけた。

小さい箱の中から、消しゴムで作ったタイムマシンや、思い出の品々がいくつか出てきた。

大人になったら、機関車を運転したかったので、日曜日には長野県まで行った。機関車を運転するライセンスを取得するための練習に出かけた。何度も練習に通って、やっと運転する許可が出た。子供の頃の夢がまずはひとつ叶った。

嬉しかった。人から見れば、馬鹿馬鹿しいことだろうが、僕にしてみれば、嬉しかった。

夢を叶えられた時、次の夢に向かうことができるようになった。辛い時でも消えない夢を持っていると、いつかは、それを叶えられる日がきっとくる。

13 今は、上手でなくても、いいじゃないの。明日は上手になれるヨ

僕が作った粘土細工、どう見ても上手ではない。学童期に、新聞紙を水で練った無格好な月光仮面。今でもテレビの横にどんと坐って、こちらを見ている。

月光仮面は僕の成長を見ていた。その僕も、いつしか中年になってしまった。上手にできなかった月光仮面、年をとらないで小学生のままだ。

上手にできていなくても、頑張ったらいつしか家の宝になる。上手にできていないものは、時計の針がない。だまって時を刻む時計のようなものである。捨てようと思っても、捨てがたい何かがある。

美しく形どった置物は古くなると、いとも簡単に、捨てられる。上手にできなかった形の悪いものには、明日は上手にできるかもしれないという夢の固まりが詰まっている。だから、捨てられない。いつしか無言の時を刻む家の守り神、厄除けになっている。

母親達が箱に大切にしまっている子供が描いた絵。子供が使っていたおもちゃを意味もなく大切にしまっている。子供の魂がこもっているから、子供の工作は捨てられない。箱の中から取り出して玄関にひとつ置くと、元気になれる。タイムスリップして子供を、必死に育てていた、若い若い自分の心がもどってくる。自分自身が若返ることで、厄払いできます。

上手にできることばかりが才能ではない。

無言で時を刻み、いつしか心の寄り所になる、ほっとする時間を与えてくれる。自分が一生懸命取り組んだ作品は、見えない魂が宿っている。だから捨てられなくなる。自分の成長を見られる物差しだから、捨てられない。不運と幸運となんでもない時間をつなぐ空間にワンクッションがあり、悪いことから守ってくれている。

上手にできないものには、未来の可能性が残っている。

どんな視線で自分の作ったものを見るかによって、それが命を持つようになる。あなたを守ってくれる力となる。ものにはその人が見る心の視線で、命が吹きこまれます。

あなたのお守りは何ですか？

14 体で喜びを教えよう

児童（三～五歳）、学童（六歳～一二歳）この二つの時期で遊びを通して、「できないこと」を「できること」にしてあげるとよい。

三歳～五歳で小さい自転車に乗れる。その喜びを教えてあげる。

野球、サッカーを通して球技のおもしろさになじませる。

小学校へ入ってゴルフ練習場へ父親と行き、ボールを一緒に打つ練習をする。

小学二年生の頃は感情面が著しく成長する年頃。この頃に、上手にできた記憶は一生の記憶として残る。また自信につながります。

小学二年～五年生の頃までに子供の脳は大人の脳に近づいていく。女子一二〇〇g、男子一四〇〇gの重量へ脳が成長する。人間形成と共に感情が豊かになる。

できないと思いこんでいたことができると、体がとびはねて喜ぶのが小学三、四年生。

野球のボールがバットに当たってヒットを打てた。体をジャンプさせて喜んでいる。その感動を体で味わわせてあげる。それは、学校の勉強も伸びていくことにつながる。

子供の年齢に合わせたスポーツと勉強を親は選んであげることが務めでしょう。

親も子供と同じように前進する味わいを得るようにしよう。親ができないことがひとつでもできるようになると嬉しくなる。親が嬉しいと思うことが増えることによって、育児放棄や、子供の虐待は少なくなります。

できないことをできるようになって喜びを感じなければならないのは、子供よりむしろ大人の方かもしれない。そういう時代に入っています。

ストレス社会の中では、大人は、子供に意味もなく辛く当たったりしている。できないことに向かって、できるようになったら、嬉しくて、人にも優しくなれる気がします。

アドバイス 幼児期から学童期一二歳頃まで親は一緒に頑張りましょう。
その後に子供は独立心を強くしていきます。一二歳頃までは、ほめてあげるようにしましょう。スキンシップも大切。そうすることで、中学から高校へと進んだ時、挫折しないで素直に育ちます。うつ病、心身症、不登校にもならないようにできます。

15 「そんなに簡単に夢が叶ってたまるか」と悪魔が糸を引っぱる

小学校の時は、成績が良かった。中学に入学した。一学期はまずまずだったが、二学期からはそうはいかなかった。今まで一番か二番を通してきた自分に、あってはならないことが起こった。成績がどんどん落ちていった。今までのプライドはもろくも折れてしまった。

挫折感に悩んでよけいに成績は落ちていき、できなかった人達が、僕をふみ倒してどんどん上に上がっていった。挫折感は通りすぎ、今までできると思っていたのは何だったんだろう。

もしかして僕は頭が悪い人間なんだろうかと思うようになった。中学二年は真暗な時代だった。勉強していても「本当は僕は頭が悪いのかもしれない」と自分を疑うようになった。

だから勉強がよけい身につかなくなった。ベッドに寝ころんで天井を眺める時間が増えた。そんな腐った日々だった。もしかして、目指す高校もこのままでは難しい。私立で中学、高校と続いているが、成績が悪いと、容赦なく転校させられる学校だった。

寝ころんで天井を見ていたら先の不安が大きく広がった。天井から、かすかに聞こえた気がする。

「そんなに簡単に夢が叶ってたまるか〜」

と、あざ笑う声がした気がする。低い声でしゃがれた声だった。天井からそんな声がするなんて、ついに僕はどうかしたのかもしれないという怖さにおそわれた。冷静になって考えれば……。

あれは、そうだ!!

「そんなに簡単に夢は叶わない」と言ったしゃがれ声は、天井に悪魔が住んでいて僕の勉強を妨害しているんだ。だったら対決しようじゃないか?

「天井から、下りてこいヨ」と叫んだ。

そこからだ。必死で机に向かって、朝から頑張った。夜も塾が終わってからも頑張った。悪魔の声は聞こえなくなった。あいつはどこかへ行って誰かをからかっているのかもしれない。

手が届きそうになる。トップまではあとわずかなのに、悪魔が僕の所へもどってきて再び糸を引く。

「くそう、負けてたまるか」と戦う自分がいた。

今にして思うと悪魔の姿は、自分の弱い姿だったと思う。

症例 ひどい化粧をして母親と来た中学三年女子。不登校。

「学校に行っても、将来役立つ勉強ではない」と発言。私は一歩もゆずらず、四度目の診察で彼女に「悪魔が糸をひっぱっている」と話した。

彼女は何を思ったのか、徐々に学校へ行くようになった。完璧とは言えないが、ひどい化粧はやめて学校へ行っている。

16 苦労は幸せを呼ぶ前触れ

「勉強ができない」それはできるようになる前ぶれだ。勉強ができない悩みをかかえる時は、いかにして勉強ができるようになるか悩んでいるのだ。

勉強の方法を面白くすればよいだけである。

五歳、六歳、七歳頃までは長く同じことに集中はできない。国語の漢字をひとつ（五〜六分間）書かせる。一〇分後は算数をさせる。二〇分後は理科をさせる。といった状態で、広く浅く教える積み重ねによって、多くを吸収できる。

八歳、九歳、一〇歳になると、大人の脳に近づく（男子一四〇〇g、女子一二〇〇g）。だから、三〇分以上集中ができる。この時期までに机に向かうのが嫌いにならない教え方をしましょう。

会社へ行ってもお茶くみ、コピー取り、といった雑用ばかりが多く、仕事ができないと悩んでいる人は、立派な仕事がしたいから悩んでいる。できる前ぶれである。

先輩の言葉遣い、行動を見習う。ノートを首につるして、大切なことをメモしてみよう。いざという時、正しい対応ができる社員になっているはずだ。

仕事は見て覚える、叱られて覚える。経験から覚えていける。だが今は、叱られたらプライドが傷ついて、やめてしまう。仕事が明日からできるというまぎわでやめてしまう。転職で最初から出直しする。再び下積みになってしまうケースがある。

仕事で叱られるということは、見込みがあるからなのだ！　先輩の愛情表現なのだ。出社したら、「叱られていくらだ」と思った方がいい、同じ叱られてもありがたいと思える。その心は先輩や上司に伝わっていきます。

仕事をする前に、仕事を「ありがたい」と思う気持ちになりましょう。何でも吸収できる態勢ができ、少々叱られたぐらいでは、傷つかない精神の成長となり、心の病にかかりにくい自分ができあがります。

「苦労している時は成長の前ぶれ」なのです。

17 上手な試験勉強

こんな試験結果ではダメだ！　本当に僕は頭が悪いと、中学時代悩んだ。みんな試験頑張ってますか？　上手な勉強のやり方をお教えましょう!!

(1)　学校で習った勉強をもう一度家で目を通す努力をしよう。

(2)　試験前にだけ集中して覚えるのは、二〜三日後にはあやふやな記憶になってしまう。脳の中で短期記憶で覚えていることが多く、二〜三日後にはあやふやになってしまう。短期記憶は、その場で電話番号とか、道順を覚える生活で使う記憶である。だから数年経って、同じ場所に行ってもあやふやな記憶になっていたりする。

(3)　試験勉強には長期記憶として残していかないとダメである。長期記憶は一生の記憶となる。

毎日学習して長期で同じことを記憶していく。それには、今日習ったことを数日後に再び覚えていく作業をする。そのことで、正しく記憶されていく。

最初は時間がかかる作業だが、一年、二年と続けることで、覚えるスピードもかなり速くなる。

自分は頭が悪いから、学校の勉強はダメと、決めつけている人はいませんか。脳が学校の勉強を拒否してしまう。受け入れたくなくなる。そんな状況を自分自身で作っている。それが頭が悪いと勘違いをさせている。

面倒でも(3)の長期記憶を使って、くり返し、くり返し、覚えることで、自分だけの一生の財産ができていく。

一生の財産作りは、最初は面倒だからこそ一生の財産になる!!

18 自分の力を信じた時、強くなる

辛い数だけ楽しい日がくると信じているから、スポーツ選手は頑張ってトレーニングできるのだろう。大変なハードトレーニングなのだから。

自分にスポットライトが当たるまでの体験を聞いてみると、誰もが同じ苦労をして一流になっている。

そんな良いお手本を聞きのがすことはない。辛い分だけ楽しい日がくると信じていることで、心理的に辛さを受け入れられる体になる。

メンタル的に強くなるには、弱さ、辛さを受け入れられるかどうかにある。

弱いから人よりも努力しようと受け入れられれば、人よりも多く物理的に計算されたトレーニングを取り入れられると思う。

体力と併行して、頭で割り出された物理的計算をすることで、納得する自分がいる。納得できるトレーニングが辛い日々を辛く感じさせなくなり、自信がつく練習につながる。そのことが、快感に変わる時、人にない技となって一流選手になる。

スポーツ選手がメンタル的に強いのは、強くなるまでの練習があるから。

自分の職に対して、納得がいくまで試作する人達は、オリジナル製品を世に出してきています。

職は異なるが、光が当たるまでには、陰で皆泣いてきている。

我々も辛い日の数だけ、楽しい日々が待っていると信じてみよう。

凡人と偉人との違いは、どこにあるのだろうかと、僕は考えてきた。才能の違いの差はたいしてないと思う。偉くなっていく人は、辛い日々を忘れないから、毎日を大切にできる。

そこに大きな差が生まれるのではないかと、答を僕なりに出している。

19 人の能力って素晴らしい

子供は逆上りを必死になってしている。でも上手にできない。くり返しているうちに、足で蹴ると同時に、腕で支えるというコツをつかむ！

縄飛びだって最初は、足に縄がからんで上手に飛べない。くり返しているうちに、縄が地面に着いた。タイミングを知る感覚を身につけて上手に飛べるようになる。

このように、子供は、できると信じているから、くり返しやっている。


できると信じることで、ふとした瞬間、できるコツをつかむのです。人間の能力は、できないと思っている所に、宝くじのようにして、できることを隠してあるのでしょう。

オリンピックの選手の鉄棒やスケートを見ていると、美しくて人間技とは思えない。空中を軽々と回転して、狂うことなくブレーキをかけて止まる。すごい技である。

自分にはできるできる、と信じているオリンピック選手の精神力が技となって、人を超えた技を出していくのでしょう。

テレビ画面を見て、感動をくれる選手の人達は、できると信じている。人の能力をみせつけてくれる。

凡人の私達だって、自分の力を信じれば良いのだ！　努力を重ねた練習こそが、能力につながる窓口になるはずです。

自分の力を信じられる人には、夢の明日がくる。

希望をもつことが能力をフルに出せることにつながっている。

20 言葉は魔法

母親が子供を誉める。「上手だよ」と誉める。できない子供が頑張って自転車に乗る。「できたね」と喜んで誉める。子供の成長と共に、母親が声かけをする。子供は自分のできることを知っていく。人間形成の始まりだ。自分が何者なのか？　どんな性格なのかわからない人がいる。それは、親の言葉が少ないと人間形成ができない。親が誉めると子供は強くなる。親が子供に注意する。子供の命は守られる。

はしごをイメージして、子供の成長に合わせた「誉める」そして「注意する」を組み合わせることで、子供はできない所へはしごに登って行く。はしごの一段、一段は、誉め言葉。はしごの横側は「注意する」役割と思って言葉を使っていこう。

子供だって、社員教育だって同じである。リードする母親がいかに上手に誉めるかによる。

人は言葉で心が傷ついて、ヤル気をなくす。

人と接する時は、相手を思う気持ちで、挨拶をすると、ショートタイムで友達になれたりする。

なぜ言葉をここで話題にあげたか、それは、今の若い人達はスマートフォン片手に子守りをしている。スマートフォンの画面を覗いている間は、子供とはしゃべらない。

はしごの一段目、二段目が抜け落ちていて、最初でつまずく。保育園で独りぼっちになる。保育園に行きたがらず、泣いて親を困らせたりする。

はしごの一段目、二段目が抜け落ちていると、成長しても人見知りになったりすることで表われてくる。

子供にとって意味のわからない言葉でも、毎日声かけをする。
絵本を読んであげると良い。言葉の中のリズムで魔法にかかって眠る。
言葉のリズムと音で「怖い、楽しい」を知る。
言葉は才能表現をする大切な魔法であるのだ。

第3章

自分で自分をほめてあげよう

21 人と自分を比べないで

顔の形がみんな違う。実は、体の中がみんな違う。

見えない体の中ってすごいことになっている。人よりも関節が強く柔かくなっている人がいる。踊ったり、スポーツしたりすると、すぐれた技を発揮してくる。

人よりも内臓が丈夫になっている人もいる。少々飲んだり、食べたりしても次の日は消化されて、さわやかな状態になっている。

僕なんか、無理して飲み食いすると、次の日もその次の日も、下痢や頭痛に苦しむ。

人は個々が全員異なるので、比べるだけ損である。比べるという習慣をやめないと、一生ではすごい損失がでてしまう。

比べるということでコンプレックスが生まれる。

コンプレックスをバネにする人は、それで良い方向へ伸びるが、そうでない人は、コンプレックスがコンプレックスを生み、ひがみの精神が生まれてしまう。

頭が良い。学歴もつきました。一流会社へ入社が決まりました。だが、人とコミュニケーションが全くとれない、人づきあいができないために、彼の所で仕事の流れが止まってしまう。上司が、悩んだ末にうつ病になってしまった。

彼に、なんとか他の部署に異動してもらいたいのだが、受け入れてくれるところがない。困った末に、その上司は円形脱毛症になってしまった。

コンプレックスのひがみの精神は、性格異常を出すことが多く、企業の中に一人や二人は必ず存在します。周りの人達が不眠や円形脱毛症、動悸等に悩まされます。

幼児期〜学童期は、特にコンプレックスを植えつけない教育が必要です。人と比べるということは、本人とその周りの人達にとって一生の損失になるのです。

症例　幼い頃から妹と比べられて育った、二六歳の商社マン。現在、周りで働く人達が昇進や結婚を決めてきている。それを見ているうちに悩みと焦りで心身症を出し、頭皮脱毛と多汗症に苦しんでいる。長期にわたるコンプレックスが体調に出てきている。

忠告として、「人と自分とを比べるな」と言った。彼は気が楽になったと言ってくれた。症状は六カ月で改善に向かっている。

22 コンプレックスだらけの自分がほめられた

幼い頃から、何をやってもほめられた記憶がない。

ほめられるのは、いつだって兄や姉だったり、自分以外の人間である。

いつしか心は、すねてしまうようになる。コンプレックスの登場である。

親は、ついついできる子をほめ、兄弟の比較表現の言葉を使ってしまう。この比較する言葉でその子にコンプレックスを植えつけてしまう。

親が使う、知らず知らずの言葉が、「できない子」に追いこんでいることがあります。


悪いコンプレックスが作られる原因は、兄弟の比較、友達との比較表現の言葉である。

良いコンプレックスの作られ方って、どんなことなんだろう。

同級生が、野球のピッチャーをしている。自分も頑張って、ホームランを打つ選手になろうと、隠れて練習する。ピッチャーばかりにスポットライトが当たって、めだたない自分には光が当たらない。悔しさをバネにして隠れた練習をする。

腐る気持ちが続く。そんな中で先輩に声をかけられた。「なかなかいい振りだね！　そのまま続ければものになる」と言われた。

その一言が嬉しくて、今まで持ち続けていたコンプレックスの固まりが消えた。

嘘でもほめられると嬉しい。元気になると思った。

コンプレックスの固まりの多くは、性格がねじまがってしまうことにつながる傾向がある。また、その反対に良いコンプレックスもある。

少々悔しい思いをしないと、頑張る気持ちがわいてこない場合がある。こんな時は良いコンプレックスの使い方で成績を伸ばすことができる。

大人であれば、昇進試験に落ちた時など「くそう」と頑張って、再チャレンジするバネになったりする。

優しい気持ちで、友達を応援する。つまり、他人をほめる心の余裕を常に持っていたい。

23 幸せになる近道

毎日、日記のように、自分の長所、短所、将来の夢を書こう。

書くことによって、自分が何者かが安定してくる。

その作業を三カ月続けることにより、不安定だった自分が安定してくる。

人前で「おろおろするかのように、あがってしまっていた」が、自己紹介が上手にできるようになる。

好感度が以前よりアップしてくる。

書くことによって、記憶された自分が何者か見えてくる。そして自分がゆずれないことを書く。

例えば、汚ない、くさい臭いが大嫌いである。自分は潔癖症である。

性格も浮かび上がってくる。自分が何者か、よりわかってくる。書くことで、将来直さなければならないことがわかってくる。どこを直せばよいのか、わからなかったが、一歩階段を登れば、新しい自分が作り出せる。

小さな自分から、ワイルドな（大きな）自分への挑戦が始められる。新しい自分が固定づけられると、友達も変わり、友達からの会話で自分もやってみたい趣味が増える。

趣味をやるうちに、知恵が生まれる。

「あれもしたい、これもしたい」と夢の世界が広がる。

趣味を仕事にできないものかと、知恵を絞ると、毎日が楽しくなる。

幸せとは、ちょっとした日常を変える努力で生まれることが多い。

24 本当は馬鹿な人などいない

拒食症という言葉をご存じでしょう。

ダイエットをしようと、毎日食べたいのに食べないで「水とレタス」のゼロカロリーのものだけ食べる。空腹感を通りすぎる。「水とレタス」のみになると体がそのうちに、食べることを拒否するようになる。

大量に食事をして、トイレで食べたものを吐き出す。その行為を毎回すると、食べることを拒否する体になってしまい、拒食症が完成してしまう。

それと似ている原理が、自分の脳にも言える。

「自分は馬鹿だから、できない、覚えられない」と、やる前に決めつけてしまう。脳は、「やったらいけないヨ！」と閉じてしまう。わかることもできることも、やろうとしない命令を脳がくだすようになる。

周りの人との差が日々増してくる。見るからにできない形を生み出す。やっぱり自分は、何をやっても駄目だ！　と脳に教えこみ、記憶させてしまう。一度、勘違いさせられた脳は、頑固に眠りからさめてくれない。

「お～い、起きるよ～」早く学校へ行けと自分に言っても、学校に行っても馬鹿馬鹿しいや、することもないし。行っても意味がないと判断した体は、簡単に起きない。一時間目が終わった頃、どんな顔して出席すればいいのだ。これが不登校の始まりになる。

会社だって、仕事ができないと思いこんでいるため、出社拒否がおこる。そのためリストラに合い、職を失い生活難になって、体をこわす結果が待っている。

元をただすと、自分で馬鹿だ、馬鹿だと思いこんでいる。「勘違いの世界をつくってきた」ことが原因なのだ。人には早く覚えられる人と、ゆっくり理解していく人がいる。その差はあるのだが、本当に馬鹿な人なんていない。

自分自身で馬鹿だと勘違いをしているだけなのです。早く心の眼をさまして、ゆっくりと覚える努力をしましょう。

25 もしかして！

僕は、「もしかして」という言葉が大好きである。

今日、初めて来た患者さんは、「もしかして」治るかもしれない。「もしかして」と思う期待に背中を押される。

自分なりに、あれこれ本を引っぱり出してきて勉強を始める。「もしかして」治してあげられる。通院するたびに、患者さんが良くなっていく。


人が持っている「念」は強い。

あの人は、最近、来院しないが、大丈夫かなぁ〜。と二日、三日思っていると、予約なしでヒョッコリ現れる。「心配していたんダヨ」と怒った顔を見せる。

患者さんは二、三日前から「クリニックに行かないといけない」と思っていたと言う。

人が持っている「念」は、電話よりも通じ方が強いと思う。

そうだ、そうだ、あの人が言っていたものを「築地市場」で見かけた。電話して教えてあげなくては……そう思っていると、本人から、「しばらくでした」と電話がかかってきた。腰が抜けるほどの驚きを、数えられないほど体験してきた。

僕の母から電話がきた。「あんた、お金が足りないんじゃないの？」学生の時、高額な医学書を昨日売ったばかりだった。何でわかるんだろう、と腰が抜けた体験をしたことがある。

医師になってからも、患者さんで同じ体験をしてきた。そんなこんなで、患者さんを思う時は決まって「もしかして」と念じている。

症状が重い人で、親が困っておられる患者さんには、特に「もしかして」治ると強く思うようにしている。

一人一人、好きな言葉を見つけて、願うようにすると、自分の魂が相手に届くことがある。そんな夢を持つことで……自分で自分の背中を押してはずみをつけられる。

「心の切り替え」「心のチェンジング」は自分でできる。

僕は、優秀ではないから、「もしかして」国家試験に受かるかもしれないと思いながら、暗くなる気持ちを上向きにしてきた。

心の切り替えをする時、「もしかして」と何度も口ずさむようにして、気持ちを前向きにしてきた。

人が持つ力は無限である。それを引き出すには、自分の心を柔軟にして、「ふわふわ」にする。そうすると自分の力が表にとび出してくる。行動が伴ってくる。

心を柔軟にして、吸収率を高める。「もしかして」という言葉で、自分の心の立て直しと、期待する気持ちで夢を見る。体の緊張がほぐれて、自律神経の乱れが改善する。


夢は、叶わなくても、頑張ったことに満足を覚える。

それだけで十分幸せである。以前の自分とは違って強くなっている気がしてならない。


心のチェンジングは誰にでもできる。

26 一日の終わりに「今日もよく頑張ったね」と自分をほめてあげよう

自分で自分をほめるなど、馬鹿みたいと思う人も中にはいると思う。

独り暮らしの人は、帰宅して玄関にお話をするための「動物や、好きなドラエモンの人形」を置くといい。「今日も頑張ったよ。みんな、お留守番ありがとう」と声をかける。

その後で、「自分は今日、よく頑張った」とほめてあげよう。

声を出してほめると、体の中の緊張感と、押さえていた我慢が消える。リラックスムードに切り換えられる。

家族がいる人は、恥ずかしがらないで、「今日は大変だったが、自分は最高に頑張ってきたんだヨ！」「よくやったと思う」、と声を出して言ってみて下さい。スッキリします。

それを聞いている家族は、「パパは外で大変な苦労をしている」と理解する。父親としての威厳が出てくる。父親を尊敬するように、子供も妻もなります。

家族の絆が強くなります。

外でパパが何をしているかわからないから子供は、グレる。妻は、夫は外で浮気をしているんではないかと疑ってしまう。家族崩壊につながる。

馬鹿馬鹿しいと思うかもしれないが、自分で自分をほめることによって、自分の体の中に、眠っている才能が目をさます。

「もしかして、あれもできるかもしれない」と目をさます。

声に出して「自分ってすごいかもしれない」と言ってあげる。

眠っている体に揺さぶりがかかり、やる気が出る。

昨日までの暗いほら穴から出て、脱皮する自分が作れる。誰が幸せになるか？　自分が幸せ気分になれる。それだけで十分幸せではないでしょうか？

アドバイス　心の病にかかりにくい毎日のケアーとして、「自分で自分をほめてあげる」こと。自分の心を励ますことで、体にはずみがつきます。緊張感がほぐれるリラックス効果があります。これは心のケアーに必要なことです。

27 本当は、ブスの男も女もいない

心からいい男になりたいと願う人は、いい男になれます。

その理由は、いい男になりたいと思った時から、表面的なスタイルをどう変えるかと、いい男を参考に、よく観察する努力をするようになるから。

眼はキラキラと輝き、脳は、いい男に近づくために「洋服、ヘアスタイル、靴、カバン、ベルト」の組み立てを考えるようになる。以前よりも機敏な動きをするようになる。

それを見ている周りは、「ヤツは、なかなかやるな」と噂になる。噂を聞きのがさないのが、女性達である。女性はよく働く強い男性を見逃さない。子孫繁栄のために、女性だけが持つ母性本能が、いい男をつかまえる力となっている。

ブス男だと思っている人が本気でいい男になりたいと願ったら、いい男になっていくための知識をがむしゃらに習得する。それが、男として一番伸びていく段階に立つ。

だが、最初からハンサムに生まれてきた恵まれた人は、悩みもコンプレックスもさほどない。のんびりしている。

ある日、三五歳～四五歳の段階で、頑張ってきたヤツとのんびりしてきたヤツとの差がつく。

僕のクラスで、あんなブス男で鼻をたらしていたヤツが、すし屋を何軒も出して大金持ちになっている。見たこともない美人妻をもらって、店先で「はぁ～い、いらっしゃい」なんて言っている。三〇年ぶりに通りかかって声をかけられた。

あれにはビックリした。同じ人物とは思えない変わりぶりだった。クラスで目立たない彼がいい男になっていた。顔の表情が、あかぬけして本当にいい男になっていた。

人は、自分で変わろうと努力した時から、男でも女でも自信をつけていく。階段を登るたびに、あかぬけて美男美女になる。

僕は彼をすごいと思った。

夢を与えてくれる人っているものだ。

28 遺伝子の力

恋愛の幕が上がる。その時、「最も強く働くのが遺伝子の力だろう」と思う。

祖先を引き継ぐ作業で、「恋愛だから本人を守ろうと力が働く」。

より良い相手と恋愛して優秀な遺伝子を残して欲しいという願いから、数々の場面を見せてくることがある。

例えば、「ある日突然恋に落ちる」ことが起こる。

すると、相手に好きな女性がいるのだろうか一番気になる。

めぐり逢ったばかりで多くを聞けない。

なんとか食事の約束までもっていけた。

恋は急に進展していった。デパートめぐりで彼のパジャマを買った。半年ですっかり恋人同士の気分になっていった。相手のアパートを知る仲であった。

土曜日の夜、差し入れを買って持っていった。窓の明かりが目に入った。

「いるんだ、良かった」と思った。

玄関のベルを鳴らしても出てこない。

電気のつけ忘れなのかと思い、心をなだめる。少し待ってみよう。

三〇分が過ぎ、再びベルを鳴らしてみる。彼が出て来ない。不信感が募る。だんだん不信感が大きくなり、胸を押しつぶしそうになった。

ますます本当のことを確かめたくなる。一時間半待っても帰らないことにより彼が諦めてドアを開けた。一番最初に目に止まったのは、玄関の小さな可愛い靴だった。ワンルームの先には、パジャマを着た子犬のようにベッド上に坐っている女性の姿だった。一言も言葉を発することなく、ドアをしめて飛び出したのであった。

まさか、小説のようなことが身の上に起きている。

悔しい気持ち、情けない気持ちがごちゃ混ぜになって、胸の奥をえぐり、音をたてて心が壊れた。どうしよう、どうしよう。涙が止まらない。

次の日、不動産屋へ行って、遠く離れた所に部屋を見つけることで頭がいっぱいだった。もう二度と恋なんかにかかわりたくないと思った。

夜も、眠ることができない。胸の奥が苦しく言葉に表現できない苦しみを味わい続けた。過去を忘れようとするが、忘れられないことがついて回る。形には見えない黒い悪魔みたいに思えた。

七年が過ぎ、孤独なクリスマスを過ごした。

「今年のお正月に、昔のメンバーと集まろう!!」と声をかけられた。その場で知らされたのは、「胸を痛めていた彼が交通事故で亡くなっていた」ということだった。それと同時に、お正月のパーティーで出逢った男性と結婚する運びになったのである。

彼の前から、何も言わず、身を引いたことで幸せになった。

そもそも失恋なんてないんだなあ〜。

人の体に生きている遺伝子達の力が、その人を守ろうとして、「その人ではないヨ！」という場面を作り出して、知らせようとしていることがある。

人は情けないことに、相手の仕事が良く、収入が良かったりすると、その人を見ないで、その人が持っている状況を見ようとすることがある。

そしてトラブルが発生する。

「時間はかかっても、自分が持つ力を信じていけるかどうかで幸せは決まる」

堅実で心根の優しい人は、人に恵まれ、いずれ夢を実現させる人になっていく。恋をする時は、自分の中に住んでいる祖先の力が、直感で教えてくれることが多い。

祖先の言葉に耳を澄ませることで、今までうまくいかなかった問題も解決することになる場合が多い、と伝えたいと思った。

「失恋なんてない」

と思うことで、自分にふさわしい人を見つけられる。

「失恋なんてない」

と信じることで、次の人生に挑める。


そして恋愛関係をこじらせて生じる心の病を少なくできる。

なぜ恋愛を取り上げたのかというと、一歩間違えると「生と死」までいってしまうからである。

・結婚が決まり大喜び、子供もできた。もっと幸せになるはずだが……
・夫の浮気で不幸のどん底に落ちる。
・女性は不眠でうつ病にかかる。
・女性がうつ病にかかると、自殺もありうる。
・自殺しないにしても、家事ができなくなる。

・そこで、子供を抱えた母親は、ストレスから子供にも食事を与えなくなる。
・子供をける、なぐるの暴力、虐待。
・母親が外泊して子供へのネグレクト。
・子供の死につながる。

・幸せな結婚生活を選択しないと家族全員の破滅につながる。

結婚には、「出産、子育ての作業がセットされている」

自分にふさわしい人を選ぶのは人生の大仕事である。
世の中の皆が幸せでいることとは、犯罪の減少につながる。
すごいことだと思う。もちろん心の病も減少する。
失恋なんてないんだ！

悲しい恋愛をしている時は、足を止め、ゆったりした時間を持つ努力をしよう。
失恋なんてないんだ！

あなたを守ろうとしている遺伝子達があなたにふさわしい人ではない、と教えようとしている。そういう場合が多く、辛い場面を味わうようになっている。

結婚適齢期を迎えると、周りと自分とを比べて焦る心理が働く。そのような時、異性が現れると、結婚相手だと勘違いしてしまいます。

周りと自分とを比べない心を持とう！

第4章

泣けるだけ泣く、心の毒が出る

29 たまには泣ける映画を観て心スッキリ垢落とし

誰かに会って、何かしゃべりたい、だけど、その誰かが思い浮かばない。誰かに何かしゃべりたいのだが、何をしゃべりたいのか見えてこない。

これといってすごく困ったことがあるわけでもないが、何かもやもやしている気がする。


そんな時は泣ける映画を観て、できるだけ泣く。気持ちがすっきりします。

同じ場所から同じ道を、毎日毎日行ったり来たりする。生活の中にメリハリがないと、心が「こんなの、もう嫌だ」と悲鳴をあげる。頭がもう何も考えたくないと訴える。

そのような時は、感動的なミュージックや泣ける映画で、心に良いショックを与えましょう。

何がしたかったのか？

何をしゃべりたかったのか？

自分はどうしたいのか？

自分は本当は恵まれていたんだ。なんて、大泣きした後に気がつく。

心の垢落《あか》としは、若い時代も高年齢になっても、人間である限り、たまには必要です。

参考のために言っておきましょう。悲しいことが特別あるわけでもないが、テレビを見て一人でいたりすると涙が止まらないという症状がみられます。高年齢になってから、涙もろくなっている人が増えています。

それは、年齢のせいではありません。日々の生活で、「先々を不安に思ったり」「会社を退職して友達が少なくなった」など小さな不安が日々たまり、知らず知らずに心の重圧となっている。そうこうしているうちに心身症を患っている場合が多い。

涙が止まらないのは心の病と思って、早く専門医に相談しましょう。

アドバイス　真面目で一生懸命に頑張る人は、愚痴を言わず自分の胸の中にストレスをため込んでしまう。「誰かに会って何かをしゃべりたいけれど、その誰かがわからない」といった心の病にかかる入口に立っています。
映画などを観て、脳を休め、泣いて、涙としてストレスを出してしまいましょう。

30 マジックショーで心は釘づけ。好奇心っていい。忘れかけてた童心がもどる

大人になってもミュージカルやマジックショーに出かけてしまう。忙しい日々、家と会社を往復するだけの生活になる。心は、しだいに疲労してしまう。不況になると、特に家に閉じこもる傾向になりがち。そこで、不眠や怒り、イライラを出すようになる。時間が経つと、うつ病にも発展してしまう。大人になっても、不思議な世界がくり広げられるマジックショーに出かけよう。童心に帰り、はしゃげる。

「はしゃいだり、大声で笑ったり、びっくりして大声を出す」

こうした行為は、脳に良い刺激を与える。深い睡眠がとれる。眠っている間に、疲れた体の細胞修復が行われ、朝になると疲れた体も心もスッキリしている。

ミュージカルも同じ効果がある。ステージが華やかで美しい音楽が流れ、色彩と音とがロマンチックな世界をつれてくる。夢の時間が広がる。

美しい感動は、脳と心と体を良い方向へ揺さぶります。

「うつ病、心身症を出しかけた」心と体を揺さぶって、良い方向へ目覚めさせてくれる。大人になっても童心になれる空間を時々つくってあげること。

心を休ませてあげるようにしたいものです。

「サイクリングに行き、広い海岸を走る」

「家族でピクニックに行き、バーベキューをする」

「公園の三人乗り自転車を家族で遊ぶ」

自分にできる楽しみ方をしよう。

一五年前に大流行した「パニック症候群」が今、もどりつつある。

日本経済が大不況に向かっていて、皆不安を抱えて暮らしている。家庭内に閉じこもる形ができあがってしまっている。さらに節約、節約のムードが続くことで、ストレスを抱える日常ができる。だから、ここへ来て、一五年前に大流行した心身症のウェーブ（波）が押しよせてきている。

現在、携帯電話恐怖症が出てきています。「携帯電話が鳴っていないのに鳴っていると錯覚に陥いる」バイブレーター症候群で表われています。脳過労と強い緊張感からくる症状です。

31 人から見れば私は変な人かもしれない

応援しているチームが勝った。球場から出て来た僕は、車を置いた場所まで浮かれた気分でルンルンだった。気分は最高だ。大声を出していたのでコーラを買った。グィ〜と飲んだ。ゲップが出た。

馬鹿なことをして歩いている。だけど「幸せなんだからいいじゃないの」と車に乗りこんだ。

信号待ちと渋滞にはまってしまったが、一人でまだウキウキしている。都会のど真中だったら、この渋滞には絶対耐えられない。だが今日は、ゆっくり帰りたい。

この興奮の余韻を楽しみたい気分だから、渋滞も気にならない。

人から見れば、僕はかなり変な人かもしれないが、幸せならいいじゃないの。

誰に、何かを話したい。だがその何かが決まっていない。

わからない時もある。日常のストレスが溜まっている証拠だが、何をどう話せばいいのか？　不満さえわからない。

なんとか午前中の仕事が片づいた。

次の仕事に向かう前に、どっと疲れが出る。と同時に、次の仕事の目標が決まらない。つなぎめにできる、あやふやな気分がある。

何をどう話していいかわからない気分になる。

神経を尖らせている。繊細な仕事をしている人には出る。

また、社員の生活を考える経営者で、責任感が強い人にも同じ症状は出る。

うつ病、心身症を出す一歩手前にきていることが多いと思って下さい。

そんな気分を味わった時は、一人になって大声を出して無になる。応援は最高にスッキリした状態になれるストレス解消法です。

人の迷惑にならないで、大声を出せる場所はそうそうない。

山歩きなどした時は、大声を出せますが、一人で行くと危険なので、なかなかできないのが現実です。

ただ、僕の場合、野球が大好きだから恵まれている。
心底、自分を出せる場所がある。野球場さまさまである。
変な人と思われるでしょうが、自己管理できなければ、仕事に向かえない。
馬鹿になることが、必要です。

どこで何をやるかのバランスを取った生活を、個々で考えてみると、生活にメリハリができて健康でいられるのです。

32 人にしかできない笑う仕草は困難を乗り切るための神からの贈りもの

若い頃は、男子でもよく笑いころげている。特に、若い娘さんは何でも話のタネにして二〜三人で笑いころげている。何がそんなにおかしいのか聞いてみたくなる。だが、年齢を重ねるごとに、笑えることが少なくなる。

大きな口を開けてわざと笑ってみよう。大脳が刺激され、気分が晴れる。わざと笑うと、ストレスが外へ出る効果がある。笑った後スッキリする。ただ場所を考えて大声を出さないと職務質問されることになる。

河べりの土手で電車が通る時には、人の笑い声は電車の音にかき消されるので、いいかもしれない。

犬を連れて土手で散歩している時に、やってみた。どれだけスッキリするか試すつもりで……。かなりスッキリしました。

でも、犬を連れては、やめた方がいいかもしれない。

大声に驚いて犬が急に走り出して転びそうになった。その後で、犬に馬鹿にされた目で見られた。「くしゃくしゃした日は、こんなことでもしていないとやってられない」と開き直る気持ちも、困難を乗り切るには必要だと思う。

人に迷惑をかけないやり方で大笑いをして、困難を乗り切ろう。


特に緊張をする仕事をしている職業の方達は、緊張をとるための深呼吸をする。

肩、腰の関節を曲げ伸ばしする軽運動と、体をねじる運動を加える。

交感神経から副交感神経が働くように転換して、緊張を解きほぐすことです。


張りつめた心と体を柔かくすることで、再び頑張れる気分になれる。声出しと軽運動とをセットで二〇分間行う。自分を追いつめた分だけ、自分をいたわるようにバランスをとってみよう。

自分に適したやり方が必ず見つかります。

33 僕の家族

大きなテーブルにカバンを置き、子犬を抱きあげる。落ち着いた所で一日あった話をする。

「今日はけっこう忙しくて、大変だったんだヨ！」と話しかける。

ムシャムシャ忙しげに、食事をしている子犬。僕の大変さが全くわからない。ただ、無邪気に走り回って、フローリングですべって、ころんでいる。

全く、僕の大変さなんてわかってくれない。そんな無邪気さが、意味もなく疲れをふっとばしてくれる。

犬は面白い。飼い主が帰ると喜んで忙しく走り回る。忙しく食事をして水を飲む。急に静かになったと思うと、スヤスヤいねむりをしている。

人間も、一日の中で、体で汗をかく。そして「あ～おいしかった！」とほっとする。ゴロンと横になると眠気がさしてくる。そんな生活を目指すと深い睡眠がとれてくる。

あまり、よけいなことを考える時間を減らすといいですね！

お父さんが仕事が終わって帰宅する。子供達はすっかり夢の中でも、子供の寝顔を見ると疲れはふっとんで、明日も頑張ろうと、そっと子供部屋の扉を閉める。やれやれとソファーに腰をおろす。お父さんの気持ちがよくわかる。

「家族って本当に疲れをとってくれる薬だね」

家の中に動くもので体温があるものが存在すると、ほっとする。なぜなんだろう。犬をよく観察してみると、人間の恋人よりも、深く飼い主を観察している。ただじっと扉の隙間から鼻と口ヒゲをのぞかせて、飼い主を見ている。人間の恋人よりも、ご主人様の様子を深く観察している。

のどが渇き冷蔵庫を開けると、どこからともなくそっと足元に現れる。

人間の恋人だったら、「水ぐらい自分で取ってきて飲みなさい」と言うに違いないだろう。子犬は、僕が立つと、どこからともなくうしろからトイレにまでついてくる。人間の恋人だったら、自分が眠いからトイレにはついてこないだろう。

僕の家族である子犬は、最高の気分にさせてくれる。体温のある動物は心まで暖めてくれている。

34 犬のひとりごとを聞いた後で何回も大笑いできた

自宅の近くで犬を散歩させる。大きな公園で樹もたくさん植えてあり、秋になると広葉樹が黄色に染まる。けっこう大都会でも、田舎気分が味わえる。冬は樹々たちが枯葉を落としゴツゴツした枝になるが、サザンカとボケの花が咲いて寒々しさの中にもほのかな暖かさがある。

一日の忙しさの終わりに、犬の散歩を楽しむ。広い芝生の上を犬は走る、走る。綱を長くして走らせていると、こちらの方が目が回り、ふらふらしてくる。

犬は砂地を見つけ穴を掘り出した。穴掘りがもう止まらない。自分の胸元に向かって土ぼこりを立てながら掘っている。もう終わるだろうと思って待っていると、犬の独りごとが始まった。「ワウ～ワウ～ワウ～、キャイン」とくり返ししゃべっている。

土の中に何かいるのだろうか？　穴をのぞいてみたが何もない。穴掘りは続いている。「このやろう！」と言っているように聞こえた。

仕事が終わるのが、少々遅くなった。待たされたことで怒っているんだろう。普通の犬の吠え方ではない。奇妙な声を初めて耳にした。

犬もストレスが溜まると、人と同じ行動をすることに気がついた。人に似ている仕草に大笑いした。後でスッキリしました。

「犬だって寝言を言うんだなあ」

犬の寝言は子犬の時によくみられる。親犬と離れたことで、夢を見ているんだろうか？　かわいそうにと思って、抱いてスキンシップを毎日するようになると、犬の寝言は少なくなった。人間の子供と同じと思った。

散歩もシャンプーもブラッシングも手がかかる。時々面倒だと思う。けれど僕がさぼると、背中がかゆくてもかけないだろう。面倒だと思ってはいけないと自分に鞭《むち》を打って、愚痴をやめた。

犬のため、犬のためにと思ってやっている散歩も、自分の健康のためだったりする。人は、相手に支えてもらっていることがよくわかった。

35 夜空には星が輝き、あなたを見守っている。いつも一人ぼっちではない

転校したり親を急に亡くしたり、急に入院生活を余儀なくされてしまう。こうした環境変化があると、その変化に心がついて行けなくて、心身症を出すことが多くある。

二〇一一年三月一一日の地震と津波により、環境変化と恐ろしい記憶で多くの人が心身症を出している。人によっては、海を見られなくなる。海を見ると涙が止まらない。地震の揺れで頭痛を訴える。これらは、心のおびえからきているのです。

心の傷は時間が経っても消えにくいのです。

「晴れた夜空に向かって声を出して、亡き人達に今日あったことを話をしてあげてみて下さい」

声を出すことで、心にたまっている想いが、外に出せるので、涙が止まらない症状を持つ人とか、動悸に苦しむ人達は、症状が軽くなっていく。

転校したり、親と離れ離れになっている人も、声を出して、一日あったことを夜空に話そう。

また、ハガキを書いて心にたまっていることを話そう。

心の傷は外に向かって辛い思いを吐き出すことによって、その症状が軽くなる。


夜空の星達は命があるのだろうと思う。僕が医大の時、勉強そして勉強、アパートの一室で仮眠をとったら、大学へ行ってまた勉強。それでも先生に叱られることが多い毎日で、心の中で泣いていた。

本当は大学をやめてしまいたかった。親の気持ちを思うと何も言えなくて、心の中は真暗だった。

大学の校庭で見上げた星空がきれいだった。星空に向かって病死した同級生に話をしてみた。「君は今、そちらで何をしているの?」「元気に笑ってる?」「僕は今、泣いているよ!」思うことを話してみた。

その日から数えて二～三日もしないうちだった。同窓会のハガキが来た。あれには驚いてしまった。同窓会に参加した。亡くなった彼の話題でもちきりで、まるで彼の供養をしているようだった。

その時に思った。地上と星は見えない電話線でつながっている。テレパシーで伝わるんだ。

美しい不思議な世界を体験すると心が励まされる。

あの時から愚痴の回数が少なくなった。

36 職場の内側

ＴＶニュースにならない衝撃的なニュース。

二七歳の彼女は「二分、三分、五分、一五分」小刻みの時間と戦う仕事をしている。心身症を起こして汗が滝のように流れる症状でクリニックに通っている。

結婚式場で働いている毎日。新郎、新婦入場。そして挨拶を聞いている毎日が、結婚しているようで、自分には結婚には興味がなくなったと笑わせてくれるひょうきん者。

彼女は口を開いた。

「昨日は大変困った」

物おじしない彼女が、「困った」の連発であった。本当に困った。仕事上の主任を降りたかった……。

何が、そんなに大変だったのか……

結婚式が始まる予定時間から一〇分が過ぎ、三〇分が過ぎても花嫁が式場に顔を見せない。

支度部屋と玄関を二時間ウロウロした。

結局花嫁は姿を見せなかった。

新郎にとって、残酷な話である。

それなのに、次の入場者があるために、何事もなかったかのように、次の新郎、新婦を迎える準備を四五分でスタンバイする。

午前中の出来事は過去のこと！

何事もなかったかのように、入場の曲が廊下に流れている。

一年にいくつかの当日キャンセルはある。

だが、新郎とその友達が会場に入ってしまった後のキャンセルは少ない。

いったい花嫁はどこへ行ったのか？　気になるところだが、式場には何の連絡も届かなかった。

皆さんは辛い、大変だという日々を送っておられるが、ＴＶニュースにならないけれど、心をえぐられる悲しい思いをしている人がいるんだと知って欲しい。

人の幸せを支えるために、心身症になっている人もいる。

人が見てない所で、支えてくれている人達がいて、普通に生活できているんだなぁ〜。

場面が分刻みに変わる職場で働く人は、「気持ちの切り替え」をうまくできないと、心身症になってしまう。

長く、好きな仕事をしたいと思うなら「気持ちの切り替え」を重要視しよう。

まさしく、心のチェンジングが必要である。

第5章

自然はいい、自然に人は癒される

37 野に咲く花、小川のメダカ、カエル、みな太陽に抱かれている

週末に行く野山には、多くの命が生きている。大都会にいるとわからないことや感じないことが野山にはいっぱいある。それだけで、気分が晴れる。

昔は見向きもしなかった樹々の名前も季節に咲く花も少し覚えた。それだけで充分利口になった気分でいられることが幸せだ。

人からみれば、馬鹿馬鹿しいことかもしれないが、自分はこれでいいのだ。一歩だけ進んだ気がする。

人の命を大切に思える。野山の樹々、草花まで大切に思えるようになった。

季節の中で、秋が一番好きだ。民家の庭先に赤色、オレンジ色の柿の実がなり黄色い柚《ゆ》子《ず》の実がゆらゆらゆれている。庭先で落ち葉たきをしている。煙が昇る。

「皆、早く帰ってこい、夕ごはんの支度ができたぞ〜」

と言っているようだ。

庭先の果実が、今年も豊かな年だったと告げている。
秋の田舎はなぜか心が休まる。
田舎の人は優しい人が多い。それは豊かな環境にあるからだろうか？
小川のメダカやカエルが人を優しくさせるのだろう。僕の心の田舎は、いつも豊かで僕を楽しくさせてくれる。これで充分幸せだ。

いつでも、どこでも目を閉じれば、自分だけの楽しい場所があると、日々が厳しくてもひと休みできる。大切な場所、心のふるさとがあると人に優しくなれる気がする。

アドバイス　自然の移り変わりを感じとれるかどうかが、うつ病や心身症になりやすいタイプとそうでないタイプとを分けてしまう。

例えば、庭先で落ち葉たきをしている人を見て、わぁ、いいなぁ。焼きイモしたいなあ、と思える人は、感情豊かで心の病にかかりにくい状況にあります。

四季の移り変わりなどに興味が全くない時は、心にゆとりがなくなっている危ない時にきていると思って注意しましょう。

38 心と体が健康であれば、人生は成功している

心と体が健康ならば、どこにでも出かけて、勉強ができる。教科書の上で都市を覚えても、なかなか覚えられないが、体験記憶を使うと一発で覚えられる。

子供のとき北海道に親と旅行をした。北海道を地図の上では知っていたが、特産物などわからなかった。空港を後にして、レンタカーで走った。まず「これは何だ！」というほどの広さの畑には驚いた。ただ広さに驚いた。

牧場で牛乳を飲んだ。おいしさにビックリした。

じゃがいもにバターをのっけて食べた。じゃがいもがこんなにおいしいとは思わなかった。トウモロコシも食べた。

ジンギスカンという料理も初めて食べた。

東京に帰った。たった一回の旅行なのに、体験したことが全て記憶として残された。

心と体が健康であれば、いっぱい良い体験をすればいっぱい勉強ができる。

親と体験した中で、面白い記憶がその子供の一生の元になる。子供は、体験した楽しい記憶を辿《たど》る旅に出るようになる。

専門分野に足を踏み入れる一歩は、楽しかった。これは面白かった記憶の追求だろうと思う。

「人生に成功したい」と皆、思っているが、まだ成功していないと答える人も多いかもしれない。

でも大丈夫だ。子供の頃に何がやりたかったのかを思い出すと、本当にやりたいことが見つけられる。

明日からでも、コツコツやると、自分が思う所へ辿りつける。

人生は心と体が健康ならば、いつだって遅すぎることはない。

子供を持つ親は、いっぱい楽しい体験をさせてあげて下さい。自然に子供は立派に育ちます。難しく考えた教育より、親子の時間を楽しんで下さい。

子供の人生が成功します。

39 大きな樹の下で「お前はいいなあ〜。花を咲かせ、枯れ葉を落とし、来春は再び美しい花を咲かせる」と言うと、樹は僕にささやいた。「お前は歩いてどこにでも行ける。他を羨むのをやめろ」と

たしかに、大きな樹は百年〜千年の命がある。雪が降っても、真夏でも、そこにドンとかまえているしかない。

だから何百年もの命をもらったのだろう。他をうらやんでも、僕には寒い冬に雪の重みに耐えて立っていることはできない。もう他をうらやむのはやめよう。

短い人の命、百年をいかに生きるか考えたら、ほかをうらやむ余裕はないかもしれない。美しい森の中にいると、心が清くなるが、大都会に帰ると、見なくてもいい他人の生活をつい見てしまうことがある。

他人を見ないで、自分に与えられた人生を楽しみ豊かなものにしていけばいいのだろう。

四季を通して山歩きもいい。特に花が咲く春と、秋の紅葉は空の青さがまぶしく美しさを一層ひきたててくれる。

地面に折り紙を切りきざんだような紅葉の貼り絵。なんとも言えない色とりどりのジュウタンの上を歩く。何だか森の王様になった気分だ。

人は歩いてどこにでも出かけていける。多くの楽しみを味わうことができる人間って、なんて素晴らしい生きものだろう。

だから、森を汚くしてはいけない。歩いてどこにでも行けない樹々達が人に安らぎをくれている。自然の中に身を置くと、日常で忘れかけている「生きる」という意味を教えられる。人も植物も、命あるもの同士の話ができる気がする。

心が清らかになると、誰も悪いことをしない。悪いことを考えないだろう。

生活の中にほっとする時間がないから、人は病気になり、早く枯れてしまうのだろう。

森の樹々を見習って、太陽が昇るとともに起き、星空とともに眠る自然のリズムに近づいていかなければ、短い命がよけいに短くなってしまう気がします。

樹々のささやきを聞く気持ちも必要かもしれません。

アドバイス 四季を感じる余裕がなくなった今、心の病であるうつ病にかかる人が多い。四季の中で正月、節分、ひな祭り、五月の節句、お盆、秋祭り、クリスマスと季節の節目を感じることで次の目標ができるようになっている。

現代は、人の生活リズムを刻んで健康を守る時計が崩れてきている。うつ病や心身症になる裏側に隠れている問題に、四季のずれがある。人は節目節目で次のイベントを待つ喜びに支えられているから、健康が保たれているのです。

40 花を育ててみませんか、朝起きるのが楽しみになります

僕は窓辺で花を育てている。男のくせにと思われるかもしれないが、花はいいかげんにすると枯れてしまう。だから責任をもって、水をやらないといけない。日光に当てる時間が短いと、花の咲き具合が悪くなる。全く咲かないこともある。

水をやりすぎると根が腐ってしまう。植木鉢の周りの土にアイスピックをさして、深い所まで空気を入れてあげると根腐れは少し改善する。

人と花との関係はよく似ている。人も甘やかして、なんでも手をかけて親がしてしまうと、何もできない人間をつくりあげてしまう。

水のやりすぎと似ている関係です。

子供に勉強しろ、勉強しろと毎日重圧をかけると、中学生頃になって体力がついた時、今までのストレスを爆発させて、家庭内暴力を起こしたり悪いグループに入ったりしてし

まう。

花を育てる時と全く同じで、日光と水と栄養、温度管理のバランスが組み合わされないと花は咲いてくれません。

子供も、楽しく遊ばせながら、勉強を好きになれる状況作りをしましょう。してはいけないマナーを厳しく教えなくては、成人になった時に人生の花が咲いてくれません。

こんなことを考えながら花を育てているうちに、園芸にはまってしまった。絵の具では出せない鮮やかなショッキングピンクや、ショッキング赤紫色の花を咲かせます。

症例 二一歳の男子。家は大金持ち。地方で有名な財産家に生まれた。一七歳から急に父親が嫌がることを順番にするようになった。父親の高級車を全く知らない県外に乗り捨てていた。父親が嫌う暴走族に入り、家にも帰宅しない。学校も辞めた。

二一歳になった。両親が心の病で自殺未遂。息子は、やっと自分のしてきたことに気がついた。でも大切な母親を亡くしてしまった。

人は穏やかな気持ちになれる花を育てたり、犬、猫を育てる暖かい心がなくては、このように家族を失なうこともあるのです。

41 生物時計

ここは木場公園、大きなブナの樹とイチョウの樹がある。青い空に黄色の葉が、そよ風で紅葉が舞う。

ミュージカル舞台を思わせる一瞬がある。

そよ風に舞う黄色が突然、懐かしい想い出をつれてきた。

オスロの宮殿の脇に森がある。水辺にカモと白鳥がいた。まるで、絵本の世界だ。「私もいるよ」と大きなリスが手の届く所で遊んでいる。驚くことに、リスが猫と同じ大きさである。

先入観が強い僕は、日本のリスしか知らなかった。だから、「リスがこんなに大きいと、可愛くない」とつぶやいたことを思い出してしまった。

木場公園は僕の好きな公園で、多くの樹々が植えられている。彼岸花《ひがんばな》も顔を出す。九月一八日から九月二〇日頃に咲く。べつに、九月一五日だっても良いし、九月三〇日でも良いのに、彼岸の日「九月二一日」に咲く。不思議である。一年を通して、日にちがずれることがなく咲く。

彼岸花を咲かせた日から球根で時を刻んでいる。

生物時計がしっかりしている。目立たないが不思議な花である。

桜は、花を咲かせた日から、二週間をかけて次の年、いつ咲かせるか、スタンバイする。桜は咲かせる日にちが決まっていても、周りの温度が二週間穏やかにならないと花を咲かせないのだ。

植物は、「几帳面な彼岸花」、「だいたいで良いと咲かせるボケの花」など色々な性格を持ち合わせている気がしてならない。

日本の公園がなぜか好きだ。日本人の几帳面で勉強熱心さが樹々を考えて植えてある。

スマートフォンばかり見ていないで、外に出て、草、樹を観察しよう。

公園の中は、酸素の量が多い。

脳の中の血管は、「酸素とブドウ糖」で成立している。酸素濃度が高いと疲労感も取れやすい。


別に何もしなくて良い。樹々達に囲まれたベンチに坐っていると悩みも苦しみも消える。

それは、樹々達が「そんなに独りで苦しまないで」と助けてくれているからなんだ。


意味のないと思わせる時に、本当は意味がある。

「心のチェンジング」が行われようとしている。

第6章

ほんの少しの思いやりとやさしさを持とう

42 なぜ戦争をするのだろう

世界のどこかで、いつも戦争が起こっている。

難民になってテントで暮らす人達が世界のどこかにいつもいる。

難民生活をしている子供達が、かわいそうでならない。

ゴミの山をあさり、お金になりそうなものを捜す。悪臭のゴミの山を一日中かきわけて作業している。文句を言ったら、その日の生活が成立しない。生まれて二～三カ月の赤ちゃんの眼の周りには蝿がたかっている。

蝿は死にかけた怪我人、体力を失った赤ちゃんをねらって卵を産みつけるためにやってくるのだ。ミルクをもらえない赤ちゃんの眼の回りに蝿が今日もたかっている。

なぜ、戦争するのだろう。戦争を始める理由は、土地のうばい合い、宗教のこじれた問題、石油の利権、国の境界の争い……、利益にからむ人間の欲からきている。

平等に利益を分けられないのだろうか？　簡単なことだが、利益になる石油やレアアース問題は根が深い。

戦争が始まると、家も焼かれ、家族もバラバラになる。その悲しみ、憎しみが拡大して、戦争はさらに、勢いをつける。人が憎しみ合うことで、家、土地、家族、仕事を失う。支援物資を送っても難民に届かないという現状がある。

人と人とが争うと、全てを失う。

日本も戦争があった。戦後間もなく配給が続いた。その時代に東京に住んでいたおばあちゃんの話によると……大根一本を三つにわける配給で大喧嘩になったそうだ。

「誰が、葉っぱのついた部分を取るかで喧嘩になった」。

他の国のことを言っている場合ではない。日本が敗戦した昭和二〇年代は、人々は食べるのに精一杯だった。その苦労の上に我々は生きている。

人と人とが絶対に争ってはいけない。人が人をイジメるなんてとんでもない。昔を知る人は人をイジメたりしない。

ほんの少しだけ人に思いやりを持って、生きたいものだ。

豊かになるため、まず心の豊かさから始めなくてはならない。

43 優しさがあれば犯罪防止はできるだろう

普通に生活しているつもりでも、駅で人と人がぶつかって、相手の虫の居どころが悪いと殴り合いになる。そんな喧嘩の最中に電車が入ってきて、ホームから落ちて電車にひかれることもある。普通の生活をしていて、ある日突然命を失うこともある。

向こうから猛スピードで自転車がやってくる。自転車に乗って、イヤホンをしている。聞いていることに夢中になっている。前方も周りも見えていない。横をすり抜ける自転車を避けたつもりでも、洋服の一部がハンドルに引っかかってしまった。自転車に乗っている人も歩行者も、両方が大怪我をしてしまった。

生活している中で、大怪我につながる事故があります。

機械文明が発達したために、一人で楽しむ「スマートフォン」。

歩きながらナビゲーションや情報を見ることができる。さらに歩きながら携帯電話でメールを打っている人。そういう人達が、街を行き来しています。

そのことによって、人の心に悪魔を呼ぶ隙間ができてしまう。その隙間は、一瞬の出来事です。

「携帯電話、メールを夢中で打っていなかったら、夜道で暗闇にひきずりこまれて襲われることはなかった」「歩きながらイヤホンをしていなかったら、後ろから来た人にバッグをひったくられることはなかった」「スマートフォンをしながら歩かなかったら、男の人にナイフで切りつけられることはなかった」

機械文明を楽しむなら、危なくない家に到着してからにしましょう。

少しの注意と少しの優しさをみんなが持つことで、悪がしのびよる隙間をふさぐことができます。

社会全体が不況におちいっている現在、次から次へと犯罪が増えるところにきている、という認識を持ちましょう。

特に子供を持つ親は、子供を守るための工夫を家庭内で教える必要があります。

44 見えない力の怖さ！
〝見ていないからいいや〟と思ったら一生の損になる

見えない力の怖さ！

「見ていないからいいや」と万引をする。一度だけと思うが、またする。つかまらなければ次にまたする。万引をする。つかまっても、違う場所でまたする。

「人が見ていないからいいや」と思ってまたする。万引き、つかまっても、つかまらなくても、一生の損になる。いつかはつかまることになってしまう。

一六〇〇円や一二〇〇〇円の万引でつかまる人が多い。本の一冊や二冊。スーパーマーケットのソーセージ、ガム、カン詰……。生活難で苦しいからやった、などと言いわけにすぎない。

家族が迎えにくると、普通の生活水準の人が多い。

ソーセージなどは安いから犯罪意識が薄い。安いという錯覚があるが、とんでもないことになるのだ。

未成年なら、時には鑑別所に入る。後々まで、つきまとう影がそこにはある。大人でも時には、罪を償うことになる。安いものだからいいと思う錯覚は、悪魔のささやきである。一生が台無しになると認識しよう。

見ていない所で、他人の悪口を言って喜んでいるおばさん、ＯＬ、学生……がいる。「馬鹿も休み休み言え」と言いたくなる。自分が人の悪口を言いたくなった時は、両手で口を押える努力をしてみよう。

人が見ていない所で言う、人の悪口は自分の身に、時が少しずれて数倍の力をもってかえってくる。後でとんでもないことになる。それが見えない力の怖さなのです。コソコソ悪口を言う人は、「ある日、あの人が言っていたよ」と利用される。それが見えない力の怖さなのです。

僕も集まりでこちらへ水を向けられ、人の悪口に乗ってしまいそうになることがあります。

「心の中で両手で口を押える」

「僕はよくわからない。何とも言えない」

と答えると、水を向けた人が、面白くない顔をして僕をにらむ。まぁいいか？

悪口を言っているヤツに嫌われても上等だ、と思って帰る。

胸の中は、おだやかではない。車に乗ってその場を去った。

「今日はその手に乗らなかった、悪魔と勝負して勝った」とひらめいた。胸のつかえは消えた。

ひらめきとは、いいことをした人への神様からの贈りものだから、そうそう出てこないのだろう。

ひらめきで会社を成功させた人達は多い。見えていない所で働く力が、良い力のひらめきである。

45 対人関係を上手に乗り切ろう

嫌なやつが前方から来ている。「ワぁ〜、どうしよう」と思っているうちに、相手との距離が狭まってきている。「ワぁ〜、どうしよう」と思ってすれ違う。

瞬間のできごとに声が出ないまま、軽い会釈だけになってしまった。嫌なやつと思っている相手も、こちらを嫌なやつと思っているだろう。

しゃべっていないのに、……なぜ嫌なやつと思ってしまうのだろう。

こんな話がある。

「人の体の毛穴は四〇億とも言われるほどの数がある。昔は鱗《うろこ》があって、それが退化したものが毛穴になったと言われている」

そういう説もある。昔の鱗だった時代は、それがセンサーの役割をしていたそうだ。

自分の周りに変な気配を感じたり、前方に変なものがあると感じ取るのは、そのセンサーが働き、「あいつとは肌が合わない」というようになった。嘘か本当か、わからない話だが……現在でも確かに嫌なやつはいる。

嫌な相手、苦手な相手だと思う人には、特に声を出して優しい挨拶をしよう。

毎回毎回、相手ににこやかに挨拶をされると、「相手側の見方」が変化する。嫌なやつだと思っていたのに、気のせいだったんだと思うようになる。

対人関係に弱い人は、まず挨拶で声を出していません。家で優しい挨拶の練習を繰り返すことによって、人とすれ違う時に、自然に声を出すようになれます。

対人関係の悩み、そのひとつの突破口になる。

上手な挨拶は一生の美徳です。

症例 中学二年男子。時々イジメられるようになった。無口の彼は親にも学校でイジメられていることを話せず、不登校になった。そこで、心配な親と一緒に来院しました。

僕は言った。「何も考えないで、大きな声を出して挨拶をして下さい」と大きな声で相手に返事をすることだけを努力するように指示した。そして、後のことを考えていきましょうと伝えた。

彼は約束を守った。今はイジメられなくなったと言っている。

46 オリンピックが来る。美しい日本語を使おう

「おはようございます。今日も一日よろしくお願いいたします」と心をこめて挨拶をする。人間関係で悩む多くの人達は、腹の底から声を出して挨拶ができていない。

上司や同僚とうまくできないのは、最初に暗いイメージを与えてしまうからではないだろうか？

例えば、声をしっかり出して挨拶ができる明るい人は、上司が「そうだ、君、これをやってくれ！」と即座に頼みやすい態勢ができている。

上司と同僚の会話も、暗いイメージの人より多い回数で頼まれるために、仕事を教えてもらえる環境ができている。

美しい日本語が話せる人は、外回りの仕事も安心してさせられるし、お得意様の信用も与えられるようになり、立派な社員に育っていかれる。

昔から言葉は「言霊《ことだま》」とされ、大切に扱われてきた。気持ちを伝えるには、なくてはならない存在だ。家族構成が少なくなったため、祖父母が目上の人に使う敬語を教えなくなってきている。だから、よけいに美しい日本語がしゃべれなくなってしまう。

上司の前で緊張してしまう裏側には、美しい言葉で受け答えできない自信のなさがあると思う。

皆と仲良く仕事をしたい気持ちはあるが、人前に出ると声が小さく歯切れの悪い自分に、うんざりしてしまう人も少なくありません。


まず、朝三〇分早く起きて、近所の人に声を出して挨拶をしよう。

「今日はお天気が良くて気持ちがいいですね」と。

練習をくり返そう。自分にとって大きな壁がひとつ取り除ける自信がついてくる。出社前に頑張ろうと心のエンジンをかけておけば、会社内で落ちついて挨拶ができるようになる。同僚とのコミュニケーションも増えてきて対人関係の悩みは以前ほどではなくなる。

人としての基礎である挨拶が、下手になっている点をまずクリアすることで、広い世界に出ていけると思います。

ある日恋愛に落ちた時、美しい日本語がしゃべれるかどうか。相手の気持ちを振り向かせるかどうかの大きな役目は、言葉にあるのです。

アドバイス 女性が最も美しく、最も女らしさを感じさせる、モテる第一歩は、美しい日本語にある。

男性が最も男らしい、りりしい姿は、正しい姿勢と美しい日本語にある。

仕事がしっかりできて、結婚という良きパートナーにめぐり逢うために、美しい日本語を話す努力をしましょう。

47 自分の操縦ができているか？

人生を満足するには、自分自身の操縦ができるか、できないかにかかっている。

誰の中にも二人の自分がいる。

生命を守るため、「交感神経」と「副交感神経」が働いている。車でたとえるならば、「アクセル」と「ブレーキ」である。

仕事や勉強を頑張り続ける。アクセルをふかしたままでいると、エンジンは焼き切れ、オーバーヒートしてしまう。

人間の体も同じで、頑張り続けると、頭がおかしくなる。心身症、自律神経失調症、うつ病等で内臓が機能不全をきたす。

「少し冷静になろうよ！」「体を休ませようよ！」と副交感神経が働きかける。もう一人の自分がいて、言うことを聞かず突進してしまうと、病魔が待ち受けている。
あるいは、もう一人の自分が反省を促すこともある。

二人のバランスが上手に取れていると、「光の自分と影で支える自分」がピッタリ一人の人間と重なる。

「心と体」の両方が健康を示す。良い状態で能率が上がり、成功しやすい状況になる。

「どうも上手くいかない」という日が続くことで、「もう、うんざりだ」ともう一人の自分が言う。

できる能力があっても、「無理、無理」と否定的になってしまう。負け組の人間を作り出してしまう。

アクセルの壊れた車、ブレーキの効かない車。どちらも事件、事故を示している。

高学歴の人が、感情のコントロールができなくて、痴漢で逮捕される、とＴＶニュースが流れる。なんのための高学歴なのかと思ってしまう。

自分の中にいる二人の自分を上手に扱う必要がある。

もう一人の自分が「もう休もう」といった時は、何も考えない樹々達が暮らす森で、太陽光線のこぼれ陽《び》に目を向けよう。

心のチェンジングを上手くしないと、自分の中にいる二人の自分が一体化しない。

目的が決まらないままの人生を過ごしてしまうことになる。

48 時は見えぬが、透明の中に不幸と幸せを抱いている

僕は、夏がくるたび、暗い重い「入道雲」が空にかかると……嫌な気分になる。「じゃあ、また、会おうね」と別れた友達。もうその友達はいない。飛行機事故で亡くなった。友達が亡くなったのが、信じられなくて、長野県に車を走らせた。近くに行ったら、騒々しい警察の車と機動隊の車が警備をしていて、山には入れなかった。

なぜ、その飛行機に乗ったんだろう。そんなに急ぐ用事があったのだろうか？　いくつもの話を想い浮かべては、それらがかき消されていった。

あれから三〇年近く経つというのに、夏がくるたび、僕の胸は苦しくなる。あの時、あの時刻に友達が飛行機に乗れないほどに車が渋滞していればよかったのにと。いや、風邪をひいて熱を出していれば乗らなかったかもしれない。そうしたら、今日もここで二人で馬鹿話をして笑っていたに違いない。

「時」という目に見えない透明なものの中には、「悪魔と天使と、才能の神様と貧乏神、破滅の神と死に神」と、ありとあらゆる存在が混在しているのだろう。

だから、ありえない金額の宝くじを引く人も出るのだろう、と思える。


こんな変なことを考えたりする時間は、亡き友人が今、存在していたら、なかっただろう。

「時」の中には、見えないだけで、不幸も幸せも待っているという怖さを感じる。

あの時から、悪いことをしない努力をして生きてきた。

そうできたのも、友達がそうさせてくれているのだろう。

空の上で馬鹿をしないように見守ってくれているのだろう。僕の力ではできない。

だから僕は、今日まで無事に歩いてこれたのだろうと思っています。

大切な人を亡くすと、普通は感じないことまで感じてしまう……。

49 時々、お墓参りをして一日を爽やかに……

きれいなお花を持って先祖に会いにいく。

お墓のある所は、樹々や花が植えられている場所が多いので、気分が良い。そして非日常的であるがために、気分転換になる。お墓参りをして、日頃の悩みを口に出して言うことで、気分が軽くなる。忙しい忙しいと時間だけが流れて日常がマンネリ化した時、区切りをつけ、新しい時間を始めるのによい。

自分の存在は、遠い遠い先祖の遺伝子から成り立つヒトコマにすぎない。とするならば、過去の時間を生き抜いた先祖に、「ありがとう」と言うべきでしょう。

年間三万人を越える自殺者が一〇年以上続いている。死ぬ前にその人達はお墓参りをしたのだろうか？　先祖の墓の前に立てば、死にたいほどの辛いことがあったとしても、申し訳なくて死ねない気持ちに変わるはずだったかもしれません。

心のよりどころがなくなっている現在だからこそ、心の底に溜まった、うさや悩みを聞いてもらえる所にいくと一日が爽やかになるはずです。

直接、御利益が感じられない、無駄な時間をすごしたくないという風潮になりつつある。どんなに文化が進んでも、古代から伝わる大切なものを守る気持ちがないと、自分の存在を見失うと思う。

自分の存在を大切にしないから、簡単に自殺する、または簡単に人を刺したり、殴る、蹴るといった行為をしてしまう。

自分を大切にする人は、他人も大切にできる。

祖父母達と暮らしている時は「おはぎや草もち」を作ってお墓に供えに行った。

僕が六歳の頃、一人で東京から常陸太田まで行った。その時の記憶が今でも鮮明によみがえってくる。特に、一人旅の始まりだったから、ハラハラ、ドキドキで一杯だった。「駅に着いたら本当に、おばあちゃんが迎えに来てくれているか?」不安にかられ、座席にしがみついていた。祖母の家族で草もちを作ったのも、初めてで楽しかった。

大人になっても心が疲れたら、あの頃を思い出して心を休めることがある。お墓参りって心が洗われる。是非、行ってみて下さい。

50 同じ一日は二度とこない

悪いことは突然やってくる。

昨日まで、元気元気でゴルフをしていた伯父が亡くなった。

信じられない。伯父の顔を見るために急いだ。本当に亡くなったんだ。幼い頃、一緒に遊んだ記憶がよみがえる。涙が止まらなくなった。

同じ一日でも、一日が一カ月に思えてしまう重い日がある。

泣くのはやめて、笑顔で伯父が天国に行くのを、見送ろうと思った。

一日は僕にとって重く、大切な日だった。


僕にとっては、最高に残酷な一日があった。一緒に住んでいた犬が夕べは元気だったのに、その夜急死した。夜中の一時すぎに救急病院に連れて行ったが、亡くなった。次の日に、ペット病院からの紹介で、千葉県の田舎の森の中の火葬場につれて行った。

供養の儀式をして、犬は箱に入った。

庭で待っていると、煙突に煙が昇った。それを見ていて、立っている僕の膝がガタガタ震えた。人の心にこんなに深い悲しみがあるということを初めて知った。

涙が出るよりも、声を出して泣くよりも、体が凍りつき震える悲しみは、味わったことがない。一日が一カ月にも二カ月にも思えた長い一日だった。

同じ一日は二度とこない。辛い日も嬉しい日も退屈な日も静かな日も。一日には全ていろいろな味があるから、大切にしないといけない。

今日の一日は一生に続く鎖だから、どの鎖が切れても、一生につながりません。

あの日、あの時、涙がなかったら、一日をこんなに大切に思わない人間になっただろう。

第7章

病院のロビーに立つと健康がありがたいと思う

51

一日一回のスッキリを目指す

ラジオ体操をする。昨日まで曲げられなかった前かがみ。今日は地面に手が届く。小さな幸せと少しの自信が顔をのぞかせる日もある。

年をとるということは、ある日を境にして、突然やってくる。

成長する時は、ゆるやかに身長が伸びるが、年をとる時はそうではない。ある日、昨日まで持てていた重い荷物が持てなくなったりする。突然の「老い」に焦ってしまう。

そうならないためには、朝でも昼でもラジオ体操するといい。自分の体がどの程度曲がるか、足がどの程度上がるか知っておくことが大切だ。

自分の体の曲り具合、足の上がる程度がわからないままに、生活している。二センチ程度の段差につまずき、転んでしまって骨折することもある。人によっては転んで頭を地面に打ちつけ、脳出血を起こして亡くなってしまうこともある。

ラジオ体操で足が上がるようにチェックしましょう。転倒が少なくなります。体が曲がることで転倒しても、いきなり頭を地面に打ちつけない。その前に手で支えられる反射運動がおこる。

平凡なラジオ体操を毎日続けるには、ラジオ体操と、野菜ジュースを作って飲むことをワンセットとする。ラジオ体操後に体重計に乗ることもワンセットとする。また、体操を楽しめる洋服をワンセットとする。

自分なりの楽しみを、組み立てることで、「老いない体作り」ができます。軽い汗をかく程度の時は、牛乳などに含まれるカルシウムの吸収率が高くなる。

体操後に牛乳入りの飲みもので、骨密度を高くしましょう。

転ばないためには、踵《かかと》から前足の指に重心をかけて歩く練習をしましょう。つまずくことが少なくなります。

症例　四五歳の主婦、パートを続ける女性。イライラして夫と毎日喧嘩が絶えなかった六年間だった。ラジオ体操を毎日続け、体重計に乗ることをすすめた。

二～三カ月後から、夫との喧嘩が少なくなり、更年期によるイライラもおさまった。よく体が動くようになった。それと同時に家事が楽しくなったのです。

52
家族へのプレゼント

一〇〇歳の時代に突入した。

一〇〇歳でも「自分で入浴、トイレ、洗濯」など三つはやりたい。雑巾五枚を綺麗に洗っておこう。

TVのコマーシャルが始まる。

窓ふきをする。テーブルの上をふく。床の汚れをふき取る。

だいたい一分間で何ができるか、体で覚えさせる。

自分のペースでどれだけできるか、知ろう。

一五分で玄関の所までふけるように計算をたてる。

頭で時間を計る。次の段取りをふきながら考える。

指先と体と頭とを同時に使うことで、アルツハイマー病の予防になる。

掃除は、だらだら長くやるものではない。

ラジオ体操と同じで、毎日やるから意味がある。

掃除は朝と昼、一五分だけ、二回に分けてやれば、嫌にならない。

掃除が嫌いな男性なら、七分間だけやる。

五〇代から六〇代にかけて、手際よく七分～一五分以内で掃除をしよう。


なぜ、掃除か？

タオルを洗う、絞る、床をふく作業が脳を活性化させ、床をふく作業で、足、腰の筋肉に張りが出る。

転びやすい体を、素早く支える判断能力が備わる。

自分の部屋も片づけられない。人まかせの五〇代～六〇代をおくると、足、腰が弱くなり、転びかけても支えられないで、「頭を打つ」「手、足の骨折」になってしまう。七〇代～八〇代で骨折すると、治るまでに筋肉が弱くなる。坂道を転がり落ちるかのように、病気を次々と抱えこむようになってしまう。

日常生活で、自然に強い体を作っていく、心の切り替えをして欲しい。

自分で掃除をする習慣を身につけると、気分がスッキリする毎日が、老人性うつ病の予防になる。

いくつになっても、家族の足を引っぱる人間にだけはならないようにしよう。それが家族へのプレゼントだと思う。

53 生物時計を狂わせないで

難しいダイエットをするよりも早く寝て早く起きれば、一日のカロリーは燃やしやすい。活動時間が朝から昼に集中すると、間食が少なくなる。夕食を食べたら急に眠くなる。いい感じで睡眠がとれると思います。

その反対に、活動時間が昼から夜遅くまでとなると、眠気ざましに「ラーメン、せんべい、コーヒー」といった具合に間食をしてしまう。

午前一時頃、床につく前にビールを飲んで一日の終わりを締めくくる。本人は、一日が終わり、ほっとしているつもりでも、体の方はこれから働いて、アルコールの処理をしなくてはならない。内臓は休めません。

二〇歳から三〇歳頃までは昨日の夜の影響は出ないが、四〇歳を越えると、「血糖値が高い、コレステロールが高い、血圧が高い」等の問題が必ず出てくる。

どうしても昼から夜遅くまで働かなくてはならない仕事をしている人は、寝る前の二〜

三時間前に、「うどん、野菜サラダ、クラッカー」等の消化の速いものを食べる努力をするとよい。

自分の生活をしっかり守るためには、健康を重要視しなくてはなりません。

早寝早起きがなぜ体に良いか？

太陽が昇ってから沈むまでの時間が生物にとって最も大切な時間です。例えば、植物を昼から夕方、太陽の浴びる所に置くと、花の咲く数が少なくなる。時には咲かないこともある。朝から昼すぎまで太陽があたる所に置くと花の咲く数が多くなる。

人間も体の中に生物時計があるので、その生物時計を狂わせない生活をすると、長く生きられるようになっている。

アドバイス 早寝早起きを志すことによって、真夜中の食事をしなくなる。肥満対策になります。早起きして早い食事を楽しみにすることで、朝からセロトニンやアドレナリンが出て、頭の回転が速くなる。午前中にほとんどの仕事も勉強も片づけることになる。

ストレスが少ない一日になるので長生きできます。

54 人の中には無限の能力が潜んでいる

悪いエネルギー――人が怒ると想像もつかないエネルギーを発生する。

僕が研修医で働いた病院での体験談です。

夜一一時四五分、患者さんの男性が突然暴れだした。看護師二人と医師の僕との三人で患者さんの個室へ入っていく。

二人の看護師は僕のうしろからついていく。押さえつけようとするが、投げとばされそうな力で暴れるので押さえられない。患者さんを鎮静させる注射をしようとしても、できない状況だった。

近くの警察署から応援を依頼し、ようやく六人がかりで苦闘し、押さえつけてもらって鎮静剤の注射をすることができた。

まるで雷が落ちたぐらい大変だった。人の体のどこからあんな力が出るのだろう。茫然とした記憶が、今も残っている。

その反対に、人のエネルギーを能力として発揮させると無限である。月に行くことだって、可能になった。それを考え出したのも、そのロケットを造ったのも人である。

人の体は不思議な宇宙の濃縮型かもしれないと思える。今では患者さんが糖尿病の注射薬のインスリンを自分自身で打てるようになっている。その注射針も全く痛みを感じさせない細い針になっている。それも人の能力で造り出されている。造って下さった方に感謝の念でいっぱいです。

人の能力の恩恵によって、車でどこまでも走れるようになっている。全ての人の能力の恩恵によって文化的生活ができるようになっている。テレビだってインターネットだって、すべて人の能力で造り出されたものである。

すごい世界に我々は住んでいる。そんな快適な暮らしができる中で、人が人をイジメたりすることはあってはならない。人の心だけはまだ進歩していない面があるから、人が人をイジメたり虐待するのだろう。

これからは、一人ひとりの人間を大切にしないといけない時代に入っている。

55 長生きの秘訣は朝食にあり

青＝めざし、白＝とうふ・御飯、黄・赤・緑＝ピーマン・ブロッコリー、黒＝ゴマ

日本の朝食には、一日を頑張れる工夫がされている。日本の朝食は本当に良くできている。山のもの、畑のもの、海のものが組み合わされている。

血液と血管を守るようになっている。そして骨を丈夫にする。

肌に良く、便秘もしないようになっている。

なにげなく食べている日本の朝食には、長生きの秘訣がかくされている。長年の工夫です。

今、日本人の多くが、糖尿病、高血圧、癌等に苦しんでいる。脳梗塞で身体が不自由になる人も増えている。

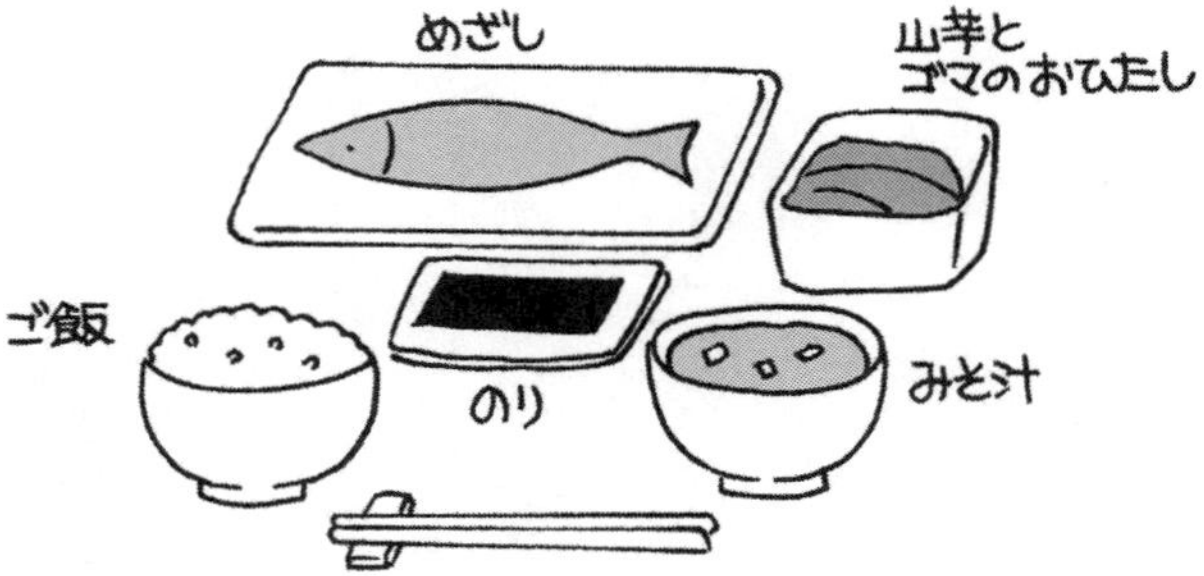

日本に伝わる朝食を見直そう。

その人に合った朝食を工夫しよう。

例えば、血糖値の高い人は、ごはんを半分にして野菜ジュースにする。

血圧が高い人は、みそ汁のかわりに、わかめと野菜の酢のものにする、といった工夫をしてみよう。

血液中の栄養バランスが片寄ると、空腹感におそわれる。

肥満を気にする人は、サラダだけにすると栄養は片寄り、空腹感におそわれる。日本の朝食は全部のバランスがとれている。それでダイエットには良い。

ダイエットをしたい人は、普通の人より七分目の量にして、日本の朝食を食べてみて下さい。空腹感が長くきません。

なぜ、ここで日本の朝ゴハンのことを話すのかと思われるでしょう。自分が元気で若くいなければ、人生で予定されている多くのプログラムを楽しめなくなるからです。

体の健康の基本を考えて欲しいのです。

体が健康であるとヤル気が出る。心が軽くいられる。体をゆさぶる交感神経と副交感神経の働きが崩れてしまうと、多くの病気を引きおこす。バランスの良い食事はこの自律神経（交感神経と副交感神経）に関係しているのです。

みんなの夢を叶える元となる朝食を大切にしましょう。

生物として、リズムを正しく刻む時計の役割をします。

規則正しい朝食をしないから、こわれやすい体を作ってしまうのです。

アドバイス　病気になりにくい体は朝食メニューにあります。子供の頃から、きちんと朝食を食べさせる習慣づけをしましょう。大人になった時、その効果が出てきます。

大病したとしても、耐え抜く体を日常で作っておくことが必要です。朝食の大切さは病気をして初めてわかる、ありがたい体の栄養です。

56 朝食に問題あり

ケイタイ電話、そして、スマートフォンの登場で、日本の朝食が変わった。画面を見ながら、コンビニのパンを食べてすませる人が増えている。

昼、画面を見ながら、ラーメンを食べる。

夕、空腹でドカ喰いをする。

日本人の糖尿病患者が増えている。それに平行して、脳梗塞で体が不自由になっている。

四五歳で退職になる人が増えている。

子供達が高校や大学に行く頃、親が突然倒れる。

子供達の人生も狂うことになる。

昔、懐かしい日本食を食べよう。

「メザシ、味噌汁、野菜サラダ、豆腐」を、子供達にしっかり食べさせる。

子供達が大人になった時に病気にかかりにくくなる。


朝食を家族でしっかり食べる習慣がない家庭では、離婚率が高い。

良い習慣を子供達に身につけさせると、金銭トラブルに巻きこまれなくなる。

子供の頃から、自由に菓子パンを食べる習慣になると、親から簡単にお金をもらえると思ってしまう。

お金を与えないで、家庭で腹一杯食べさせる。

子供は、「うちではお金を簡単にもらえない」と思わせるしつけをしないと親が困ることになる。


朝食時間は、子供の道徳時間だと心の切り替えをして下さい。

そして、家族の絆ができる時間でもある。

空腹を満たすためだけの朝食であると、子供が事件に巻きこまれたりするのです。

57 寝る前は楽しいことを考えよう

深い眠りは明日を爽やかにする。狭いアパートでも、目を閉じていれば「王様、女王様」になる。そういうイメージ作りをする。ふかふかのベッドにふかふかの枕だと想像します。

自分がくり広げたい人生の夢を開いていく。毎晩続けることで、深い睡眠に入っていけるようになる。朝起きてびっくり、体が軽くなっています。おまけに肌もつやつやで、本当に「王様、女王様」になっていけそうになる。

人は一日辛いことがあると、腹を立てて脳をイライラさせてしまう。悔しい気持ちが込み上げ、寝そびれてしまう。早起きしたら頭は痛い、顔はむくんでいる。嫌いな容姿になっている。

それは、睡眠中に体を治す成長ホルモンやエンドルフィンが出されていないために、昨日の疲労がそのまま残っている。それで朝、体が重く感じられるのです。

寝る時間は、午後一一時頃までにすることが大切なポイントである。体を治す分泌ホルモン（成長ホルモンやエンドルフィン）が出る時間は午後一〇時から約二～三時間が最も多いとされている。

寝る前に深い睡眠がとれるように、脳をリラックスさせる必要がある。楽しくなる想像が大きなポイントです。

長い人生を病気知らずにするためには、良い睡眠が欠かせない。

ぬるま湯に二五分、長めに入るのも良いことです。

夜の一〇時頃は、スポーツジムに行っている人も少なくないが、もう少し早い時間に訪れた方が、脳の過剰興奮を防ぐ意味で良いと思う。眠る直前まで運動することは、熱い風呂に入るのと同じで、脳を興奮させてしまい、良くありません。

枕の高さは一五度。頭から首を通って心臓に向かう血液が、円滑に流れるようにする工夫も深い睡眠をとるのに欠かせません。

老化防止として、昨日までの細胞の疲労を深い睡眠中に回復させる。そのことで若さを保つことにつながる。一日を爽やかにすごす自信になるでしょう。

第8章

生きている間は一生青春だ

58 ポケットには一杯夢がつまっている

年齢と共に夢が枯れる、体力がなくなるとつい弱気になってしまう。精神的に弱くなる。そんな自分を見た。

休みの前の日は、意味もなく嬉しかった。「明日は休みだ」と思うだけで解放的な気分でうきうきしていた。

三〇代が過ぎ、何の気配もなく四〇代を迎えた。四〇代がくるなら、くるぞと教えてくれればよいのに、……黙ってきてしまった。ここまでは百歩ゆずるとしても……五〇代はもっと早くやってきた。もう許せないと思った。

気がつけば、昔は嬉しかった休みの前日が、今は嬉しくなくなっていた。

僕のポケットから夢がこぼれ落ちたのだろうかと思ってしまった。自分と向き合う時間がなくなっていた。

仕事が忙しく帰宅して寝るのが、唯一の楽しみになっていた。これではいけない。夢の詰まったポケットから何がこぼれ落ちたのだろうか？

何でも見たい、知りたいと思う好奇心が若い時にはもっとあった。好奇心がこぼれ落ちたんだなぁ。年齢を重ねる毎に、物の道理がわかってしまい、面白いと感じることが少なくなってきている。

これだ！　知っても知っても知り尽くせない奥の深いことをすれば、夢を一生見ていられるだろう。

一〇代から続けているスポーツを今もやっている。上手とは言えない。このスポーツに磨きをかければいいのだ。趣味と本気で向き合ってから、週末がくるのがすごく楽しくなった。

五〇代でも六〇代でも七〇代でも八〇代でも、趣味を愛する人でいたい。自分探しが一つできた僕は、それだけ、今は充分幸せだ。この先も、もっと自分探しをしたい夢が戻ってきた。

お金や財産よりも「自分らしく生きる」という生き方ができたらいいのにと、今は思える。

59 もう年だと言わないで、生きている間は一生青春だ

「どこの誰が、年寄りだと決めるんだ」

誕生日がくる数が多くなるたびに、年寄りだと決めるのか?

足、腰が痛むから、年寄りだと思うのか?

顔にシワが寄った。白髪がめだつ。それで年寄りと決めてしまうのか?

もの覚えが悪くなったから、年寄りと決めてしまうのか?

重いものを持てなくなったから、年寄りと決めてしまうのか?

会社が定年になったから、年寄りと決めてしまうのか?

日常の多くの仕草で、自分はもう年だと思ってしまう。年寄りだと決めつけている。多くの人は自分で自分を年寄りだと思わせている。

自分を年寄りに仕立てているのは、どこの誰でもない自分自身である。そのことは体に

毒、心の毒になる。

その理由とは、年寄りと決めつけてかかった時から、できることも、力が抜けてできなくなる。できなくなるように自分自身で仕向けてしまう。マイナスの力が働くのです。マイナスの力の恐ろしさは、今日できないとあきらめること。明日は、もっとできなくなる恐ろしさがある。

ある日、近所のおじさんに会った。数カ月前までは、店頭に立って酒を売っていた。あれからそんなに経っていない。店閉まいをした。足がトボトボと老人歩きになっていた。数カ月で年寄りになるんだろうか？　目を疑った。

老人になる日は、ある日突然やってくる。それは、どんな時だろうか？　四〇歳でも五〇歳でも心に目的を失った時、いっきに、年寄りを作りあげてしまう。

マイナスの力は、プラスの力よりも強い時がある。あきらめた時から体は動かなくなる。働く気力がなくなる。頭が働かなくなる。全て、トンチンカンになる。人に頼りにされなくて、孤独になる、心が病気になる。その早さは、定年後半年でマイナスの力が働く人もいる。

プラスの力は効果が出るのが遅い。勉強もコツコツやって効果がある。スポーツでも同じで、練習して練習して上達の効果が出るので、ゆっくりやってくるのだ。

このことを胸に刻んでほしいのです。「自分にはできる」「自分はきっとできる」と毎日言って忘れない状態を作ることで、一生を青春ですごせます。

人は、一生青春だと思います。顔のシワなんて関係ない。問題は、その人の気持ちで決まるのです。

症例 三五歳の女性。夫が浮気をして朝帰り。喧嘩が絶えなくなった。夫の帰宅を待っている妻は、不眠とイライラで怒り狂うようになった。三五歳なのに、五〇歳すぎにみえるくらい老いている。不眠で肌に張りがなくなって白髪が目立つ。マイナスの力が働くと、人は一気に年寄りに向かってしまう。
彼女は、今は離婚してパートをしている。友達にも恵まれて本来の年齢にもどりつつある。不眠も改善している。

60 高齢者だと諦めないで！

昭和二〇年、三〇年代はベビーブームと言われたぐらいに、一気に子供が生まれた。その人達が今、六〇歳代、七〇歳代に突入している。現在いらっしゃる高齢者の方々と合わせると、かなりの数にのぼっている。

周りは、みんな高齢者、年だからと言って、諦めたり、ひねくれたりしている場合でない。周りは、みんな高齢者、「元気を出したもの勝ち」の時代です。

どのようにして元気を出せば良いのか？

①運動は、朝一五分、夕方一五分を目標にする。
②一カ月続けると、足も手も上がるようになる。
③三カ月目で、自分の体調が改善されてくる。

人にとって、③の所は特に大切！

足をゆっくり上げる
さらに高く上げる
ウエストを
ゆっくりひねる
反対側にもひねる
両手を横に上げる
徐々に上に上げる
努力をする

階段を上がれたりすると、希望がでてきます。自分なりにタオルを使って背筋伸しをしましょう。

高齢者が青春を楽しむには旅行、野山の薬草とり、園芸菜園をつくる、育てる楽しみなどがいいでしょう。

仲間とよくしゃべる日常を目標にしましょう。ぐっすり眠れるようになります。

一日の目標作りが青春を楽しむ基本です。

心だけは、いつも若々しくしている。心が体を引っぱるのです。

症例 老人性うつ病で通院している六五歳の

女性。家に閉じこもりがちなので、運動をする絵を書いて説明しました。彼女は家で運動するようになった。

一カ月は効果がみられなかったが、二カ月目から家事をすすんでできるようになった。

頑張って運動して、次は旅行に行く目的ができ、うつ病が軽くなりました。

体が動くことで目的ができる。それが回復力とつながっています。

61

高齢者だってできるんだ！

家族のために、便利な日曜大工を考えよう。

一人暮らしの人は、自分の暮らしに便利な日曜大工をしよう。

台所の小物入れの棚、風呂場で使う椅子。

- 風呂場に木製の椅子があると、ゆっくり洗える、すべりにくい。
- 台所に調味料がいっぱい散らかる。一目で見分けられる棚があると便利。

毎日生活をしてきた経験があるからこそできる日曜大工を考えよう。

男性が日曜大工をするなら女性は編みもの等。高齢者が頭を使い、同時に指先を動かすことで、脳の働きを活発にする。アルツハイマーにかかりにくくなる。

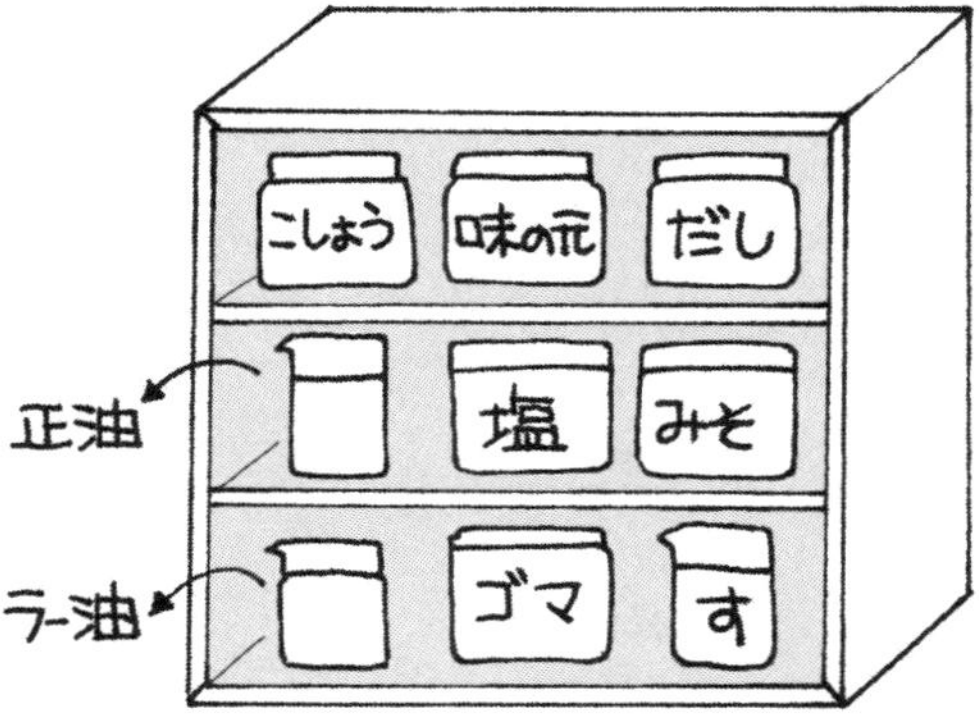

こんな棚があると便利

●高齢者だからできる子供さんの教育と遊びもある。

●高齢者だから技術を教えられる人もいる。会社を退職しても人生をリタイアしたわけではない。自分にできる家庭内のことからやってみましょう。そこから次のステップを考えればいい。

日曜大工をすると脳が活発に働き、「あれも、これも、こうすれば」と思うひらめきが生まれてきます。

そのひらめきこそ、次のステップを決める足がかりになります。

高齢者になると、面倒くさいと頭の中で答を出してしまい動かなくなる。面倒くさいと思うことが、日々の老化を招き、自分を老人に仕上げてしまう。高齢者になったら、あえて面倒くさいことをする日常を作りましょう。

風呂に入ったら男性でも女性でも「下着、靴下、雑巾、タオル」を手で洗って干すようにしましょう。無意識に使う指先は、明日の健康を約束してくれます。

なぜ雑巾を洗ってほしいか？　それは、雑巾が綺麗だと窓をふくなど両手を上げる下げる運動になる。雑巾が汚いと、さわりたくない、家の中は汚くなる。家をふく作業は男性でもしましょう。自分のためです。

家は生きていて、そうじをするとパァッと明るくなる。家が喜ぶ。そうじをしたあと気分が良くなる。

その時に、脳からアドレナリンやセロトニンが出る。老化予防になっていく。弱くなった細胞を修復するのです。

日曜大工をした満足感、そうじをした達成感が、高齢者に青春をよみがえらせるのです。

症例　近所で暮らす八三歳の男性。近所で暮らす九一歳の女性。

身近の高齢者をみて学んだことは、全員が自分なりの仕事をして暮らしている。

患者さんで八七歳の女性は、時々体調が不安になってきますが、今のところ、薬というほどの薬はいらない。三日分の安定剤ですんでいます。

「高齢者」というのは、どうも気がめいる響きがあるようです。

「少し腰に痛み、少し膝に痛みが出る」ことで、もう年だからと思うイメージが精神的に痛みを出していることが見かけられます。

八七歳の患者さんが来るたびに、言うのですが……

「年齢の響きに負けて自分から病気にならないで下さい」

「ハーイわかりました」と元気に帰る。

最近は一一五歳まで元気でいる目標を持ったらしく、家事をせっせとやっています。目標を持つことが一番の薬なのです。

彼女は長生きして、「ギネスに載る目標をたてた！」と笑ってみせたのでした。

62 やってみると人は変わっていける

「趣味を持ちましょう」と言われても、趣味にできる題材がわからない人もいるでしょう。

だから趣味がない。何かをしようとしても、できなくなってしまう。

そんな人にも必ず捨てるものが出る。捨てる前に、「これで何か作れないものか？」と考えるようにしてみたらどうだろう。

例えば「捨ててしまいたいペットボトル」

例えば「捨ててしまいたいズボン、Ｙシャツ」

長ズボンは半ズボンに切ってみる。Ｙシャツは雑巾にしてみる。背広の広い所で靴入れを作る。

男子でも女子でも捨てる前に、工夫ができないものかと考える自分になる。

上手にできなくても、実際に自分でつくることによって、できあがったものに対して愛着が出る。感情が育つ。

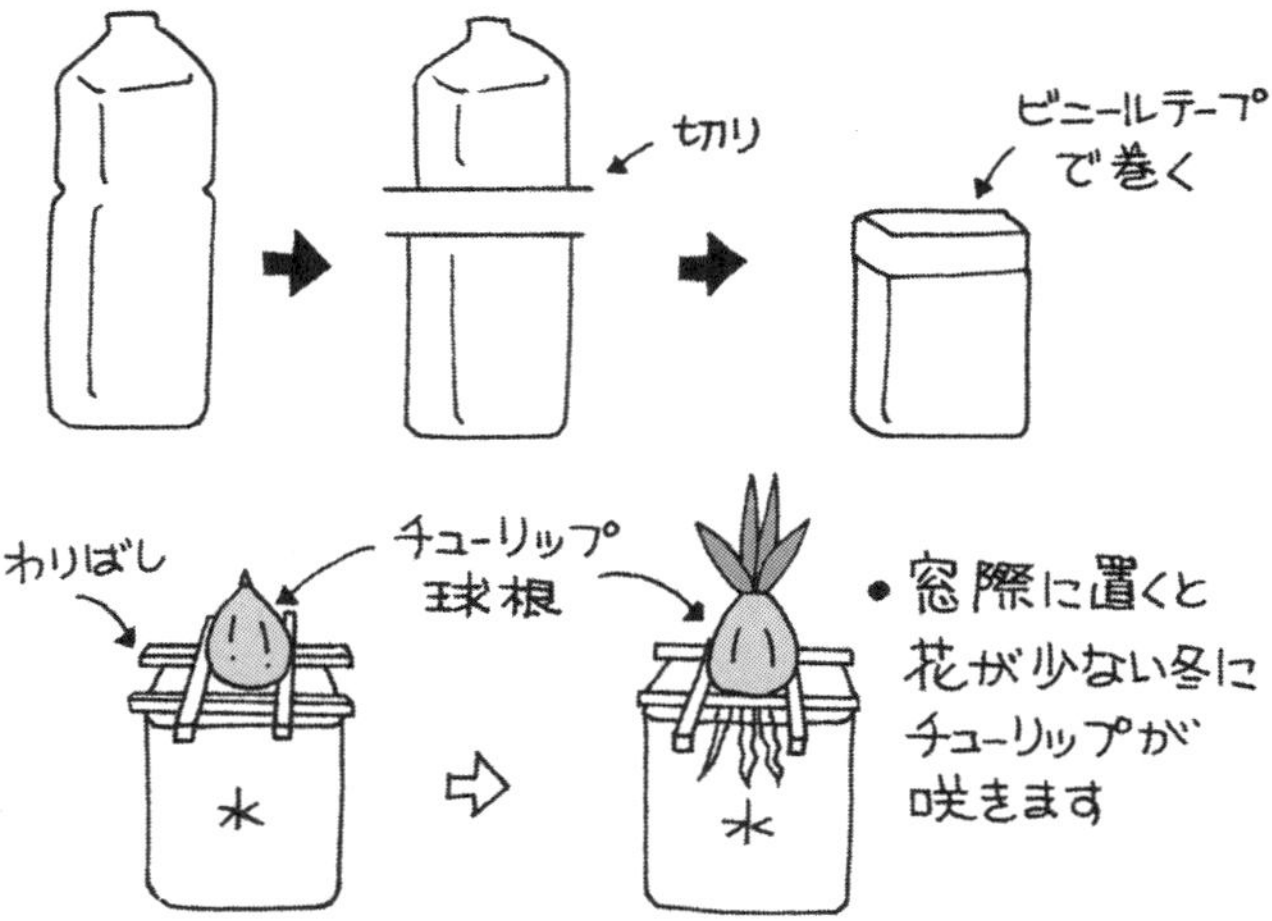

やってみると人は変わっていける一面がある。

愛着がわくものがひとつ増えるたびに、趣味という窓が開く。

他の動物にはない、人だけにある、「変われる」ということを忘れている人が多いから、毎日がつまらないと思ってしまう。

人の「変われる」という魅力は、全員に与えられた神からの贈りものだろう。

見なくてもいい他人を見たり、見なくてもいい物を見ていることが多いせいで、本当に見ないといけない「自分の心」が見えなくなっている。

だから良い方向へ変われないのだろう。

63

時代は変われど人が目指す所はみんな同じ。幸せ旅探し

一〇代　学校の悩み、そして、成長の喜び、恋心の芽生え。
夢だった大学入学が決まる。社会人になれた。

二〇代　失恋も味わった。仕事をする大変さも知った。
結婚した幸せ。

三〇代　家庭を持った、子供が生まれた、一番の幸せを知った。

四〇代　学費に追われる大変さを知った。初めて自分の体が変わる不安を感じた。

五〇代　まだ、まだ頑張れると思う、一方で体が悪くなる。

六〇代　そのたびに、もう歳かもと不安になる。

七〇代
八〇代　この年齢になると、一日がすごく大切と感じるようになる。

九〇代　時代が変わっても、人が目指す所は、みんな同じである。

一〇〇代　幸せ旅を探す最終目的は、みんな同じである。お金や車ではない。

毎日を健康にそして、自分のことは自分でやれるということが幸せに思える。

九〇歳、一〇〇歳で元気で暮らして、さらに仕事もしている方達を手本にする。

①八〇代、九〇代、一〇〇代まで元気であるためには、一日の中で朝ゴハンを食べる楽しみがある。

②昼間、自分がする目標がある。

③夕方、今日も無事に終わった、働いた喜びがある。

④明日は何をしようか？　予定をたてている朝、起きる喜びと希望を抱いて寝る。寝る前に、「明日は今日の続きを仕上げる目的があるから、わくわくしながら、早く寝なければ」と思って寝る。そのために深い深い睡眠がとれる。だから次の日も元気で朝起きることができる。

若い人も中高年齢者も、九〇代〜一〇〇代の元気な人達がしている生活リズムを真似ることによって、病気にならない体作りができます。

幸せ旅探しを最後まで続ける体こそが、真の幸せだろうと思う。今は、乱暴すぎる生活を送っている人達があまりにも多くいます。

第9章

今日も無事に終わったことが幸せだ

64

夢は直接かなわない。だから人生は面白いドラマになる

自分は野球が好きだった。野球にまつわる仕事がしたかった。でも、実際は医師になるための勉強攻めだった。

なぜ野球が好きか？　子供の頃、友達はランドセルを置くと、バットとグローブを持って走って路地をかけ抜けてグラウンドへ走る。

僕は、家庭教師と塾が待っている。野球に行きたくて仕方がなかった。

その時に「この差はいったい何なんだ」と思った。友達は楽しそうにしている。僕は勉強でうんざりしていた。

人は、友達の羨ましい何かを見てきたと思う。だから大人になったら自由になりたい夢や、知らない国を旅してみたい夢が、次から次へと生まれるのだろう。

あの時、叶わなかった夢の続きが、僕を応援している球団に向かわせる。休みの時、開

幕シリーズをやっている。それはそれは一人で盛り上がって応援する。

人から見れば、変な人と思われるでしょうが、子供の時、叶わなかった夢の続きがそこにはある。

誰にもわからない僕の喜びが球場のベンチにはある。自由に野球を見たい、好きなだけ球場に通いたい夢を四〇年間かけて手に入れた喜び。

家を買いたい夢を持つ人もいる。会社づくりをしたい夢を持つ人もいる。みんなそれぞれの夢に向かって頑張っている。その姿が美しいと思う。夢中で夢を追いかけている人達は、一生懸命だから美しい。そして悪いことは考えていないから、瞳が輝いている。

夢に向かう長い道のりには、いろいろなドラマが生まれる。だから、人生は面白くなる。

考えてやったことではない。一生懸命の結果での出来事だから、面白い！

夢は直接叶わなくても諦めてはいけない。

いつか時が過ぎて諦めかけた頃、叶う。

だから、面白い人生になっていると思う。

小さな夢でも大きな夢でも、その人にとって大切な夢ならば値打ちがある。

65 いつチャンスの風が吹くかわからない？

チャンスがいつくるか？　悩んだり、苦しんだりした後にチャンスはやってくるんだ。実はわかっている。

友達は、貧乏大学生をやっていた。学費がかかると言っては、食事になるとモヤシイタメばかり食べていた。それも親からの仕送りが届く前日までモヤシイタメを食べていた。アパートに行くと、汚くて入れない部屋だった。

でも大学を卒業して数年で異例の昇進をした。二五年ぶりに都が開催する会議でバッタリ会った。彼は頭が薄くなっていて、メガネをかけていた。学生の頃とは全く異なる外見で威厳の匂いがした。会議でずいぶん偉そうな人がいると思っていた。その時は彼とわからなかったのだ。会議が終わって彼が走り寄ってきた。僕は「会議でまずいことを言ったのか？」と思った。

彼は、「僕だよ、僕だよ」とくり返してきた。早く思い出さないと本当にまずいことになる。焦れば焦るほど思い出せない。「ほら、学生の時、モヤシばかり食べていた僕だよ」あぁ～と言ったきり、次が出てこない。こんな所でこんなに偉くなっているなんて、想像もつかなくて、あぁ～と言ったきりだった。

ぜいたくをしない彼だから、食事にもお酒にも飲みに行こうと誘うことができないまま、名刺交換のみで終わったが、やっぱり頑張っている人にはチャンスがくる、と思った。

頑張っている人は、きたチャンスをものにする。腹がすわっている。

偉くなる人は、「苦い体験の中で、自分の未来と能力を信じている」。そこが、他とは違う。自分の未来と能力を信じている人は、目の光りが違うので目立つ。

ステーキを食べた、キャビアを食べているから、いいと言うものじゃない。モヤシを食べていても、ブランドを身につけていなくてもいいのだ。

誰にでもいつかチャンスはやってくる。

そのチャンスが自分のためにやってきたと思える人になっていかないとダメだ。

僕は彼に再会して、多くの人生を無言で教えてもらった気がする。

誰もが自分の力を信じてチャンスを待ち続けてほしいものです。

夢はきっと叶うようになっているはずです。

66 頑張る気持ちも大切だけど、命の糸が切れたら終わりだ

頑張った二時間半、「良くできた、自分なりに良くできた」と自分をほめることをしましょう。

緊張をほぐす時間の一五分〜二〇分間は、ゆっくりなペースで仕事をする。バランスをとろう。

昼休みはひとりで、風と緑と太陽を楽しむように努力しよう。

机に向かう、パソコンを見る。机に向かって図面台を見る。

繊細な仕事をしている人ほど自然の風に当たり、広い海や空を見ることが必要になる。

昼間の時間で緊張をできるだけ取ることによって、能率が上がる午後になる。

午後三時頃をめどに上手に仕事をゆるめる。自分なりの工夫を考えよう。

自分の心を上手にコントロールすることで、自分の体は軽く動くようになる。能率を上げた後は、ほっとして自分をほめてあげよう。自分をほめることで血流の流れが良くなる。脳からセロトニンが作られる状態ができる。

仕事上での展開が早まる状況ができる。そこで、仕事が楽しくできるようになる。

一日の働く時間、八時間を少しでも楽しくしないと損だと思う気持ちがあれば、働く工夫を見いだすことができる。

楽しんで仕事をするということは、ストレスが少なくなる。長く会社で働くことができることにつながる。

「仕事が大変だ」「仕事が大変だ」と、自分の体と心に重圧をかけている人が多い。

そこで休みになると、飲んだり、食べたり過食になって肥満になる。血圧や血糖値や脂肪の値が高くなる。これらの問題は、日常のストレスと関連している。

仕事と家庭を楽しくすると、過食は大幅に減らせます。命をおびやかす病気になりにくくなると言えます。

67 心が楽しくなる想像力は、心の栄養である

昭和二〇年、戦争が終わったばかりの時代は、食糧を手に入れるのが大変だった。腹一杯白いゴハンを食べてみたい。甘い甘いおはぎも食べてみたいという夢があった。

昭和三〇年代に入ると、電気製品が出始めた。日本中がプロレス中継に湧いた。今の天皇御成婚を境に、テレビが一般に普及するきっかけになった。

その頃から公団住宅が流行。すごい勢いで、文化生活が始まった。そしてマイカー時代へと突入。僕が五〜六歳の頃、母の弟がアメリカ製のムスタングに乗って来た。僕からしてみれば、大きな車に驚いた記憶がある。

生活必需品を買うのも夢のまた夢だった。あえて、心が楽しくなることを考えなくても、毎日が洗濯機を買いたい、公団住宅に住みたい、車を買ってドライブに行きたい。毎日が想像と夢が交差していた時代だった。

そんな想像力の世界だったから『鉄腕アトム』を描いた天才漫画家「手塚治虫」を生み

出したのだろう。

平成の時代を歩く私達は、豊かな物資が全部出そろっていて不自由しない。指先で機械を押すと、なんとお金まで借りられるのだ。支払いに泣いているが……。

毎日楽して生きていける時代だから、想像力が欠落してしまった一面がある。人が造ったゲーム機で遊ぶ時代だから、遊び道具を造ってまで遊ばなくなった。

子供の時、あふれ出る想像力は、脳の発達に大きな関係がある。日曜大工で竹馬、竹トンボ等、親子で楽しむ時間を持つことをしたいものだ。親との会話と楽しい時間が想像力を発達させる。また、子供の脳は豊かに育つ。

そして大人になった時、親子ですごした時間が、心の栄養となり、辛さを乗り切る人間作りになるのです。

68

辛い時は幼い日に描いた夢の中で心を休めよう

幼い頃は生まれてきて、初めて見るものの世界が広がるから、好奇心でいっぱいである。物心がついた頃だった。サーカスを見に行った。「なんでバイクに乗って丸い内側をぐるぐる回っても、落ちていかないんだろう」「ライオンが火の輪をくぐった」「ライオン使いは怖くないんだろうか?」「いくら鎖につながれていても、ライオンに咬まれないのだろうか?」不思議でならなかった。

幼い頃に、飛行機に乗って、遠くへ行った。飛行機は空の上を飛んでいく。空の星の、どの星に立ち寄って給油するんだろう。アメリカに着いた。どの星にも立ち寄っていない。納得できない気持ちでいっぱいになった。

街には高い高いビルが立ち並んでいた。文字も、いつもの僕の街とは様子が違う。英語ばかりの街だった。もしかして、異なる星の街なのかと思って見た。

みんなが金髪で中には黒人もいる。やっぱり、ここは異なる星のひとつかもしれない。日本語が通じないから、そう思うしかなかった。

人間はみんな日本人と同じ顔をしているのだと疑っていなかった。突然白人や黒人の住む街に着いたらどう理解していいのかわからない。そして、少々大人になった。

今、思い出しても知識がないということは怖いと思う。おかしい馬鹿な話だが、腹をかかえて笑える馬鹿な自分の姿が思い浮かぶ。

あの幼い時、見続けた星の世界。心が疲れた時に夜空に輝く星を見ていると、思い出される数々の夢の世界がある。何も知らない時代は想像力がすごい。あの想像力が今あれば、笑いころげて暮らせるだろう。

本当にドラえもんはいると信じていたし、鉄腕アトムもいると思っていた。だから空を見ていた。

どこから飛んでくるのだろう。僕の家にもやってきてくれないのかと、クリスマスの日に窓を開けて眠った。

辛い日は、幼い頃の思い出で心を休めると、明日は元気になれそうだ。

69

子供は、未来の宝物である

人の子供も、自分の子供も同じ愛情で見守ろう。

文化生活になればなるほどに、孤立してしまう傾向にある。

子供達は未来の宝物だと思う気持ちさえあれば、よその子も自分の子も、同じ目線で見ることができます。


子供がのびのびと育つ環境作りは、大人達が子供を大切に思う心で作っていける。

例えば、空地に、古い冷蔵庫が捨ててあった。その横で子供が遊んでいた。大人が声をかけてあげる。「冷蔵庫に入ったら中からは開けられないから絶対に入ってはダメ」と。

「スプレー缶は、爆発して大怪我をするぞ」と声をかける。大人にできる声かけで、危険から守ってあげられる。

「川で遊ぶのはいいが、雨が降ってきたらすぐに河原から上がれよ〜」と声かけをする。

雨が降ると、すぐ河原には大量の水が流れてくる。

今から五〇年前は、戦争も終わって、日本中の復興が急速に進んでいた。大人達は活気にあふれていた。子供は、大人のおっちゃん達に、毎日危ないと怒鳴られていた。だから危険なことを知る知識力が日常で身についていた。

現在の子供達は、家か、公園で親と一緒に遊ぶことがほとんどである。一人になる学校帰りに、塾へ行く途中に、危険が迫ってきても、危機を察知する能力が欠落している。

昔は、木登りをしても、屋根に登って遊んでも、大人が下で「危ないから降りろ」と見守っていた。大人の顔と声が怖いから、しぶしぶ屋根から下りたものだ。

柿の木に登ると、すごい声で怒鳴られた。木の中でも柿の木は大きく見えるが、枝が「ポキン」と折れやすい。落ちる危険の高い木である。

そんな知識を、怒鳴られながら知って成長した。

現在は、他人の子供に注意する人は、ほとんどいなくなってしまった。子供が「危ないこと」を知らなくなった。

みんなで、優しく子供達を見守る心を持とう。子供は未来の宝物です。

70 小銭を貯めて夢を見よう

大金と小銭とどちらが好きかときかれたら、誰だって大金の方がいいに決まっている。大金が欲しいから「宝くじ」を買う。

酒を飲んで、意味もない話をした。

ある人が、急に宝くじに当たったら、何をするか、そんな、話になった。「僕はとりあえず家を買う」ある人が言った。「ぱぁ〜っと使い、外国へ行って南の島で海を楽しむさ」いや違う。「貯金しよう」と別の人が言った。

ある人が言った。「宝くじに当たった。持ったこともない数億円で、悩んだ末に気が変になった人もいるんだって」と。そうか、大金は良くないのか？

それはそうだ、働かずに大金が入ったら、大金が持つ金の魔力にとりつかれてしまうこともある。不幸になることも考えられる。

やっぱり小銭がいいか？　小銭は貯める夢がある。目標額になったら、念願だった車が買える。旅行に行く夢もある。結婚して家庭を持つ夢もある。

目標を達成するまでの道のりで頑張る気持ちができる。その後達成した満足感が味わえる。

小銭の中には、努力する夢がいっぱいつまっている。小銭を貯めることは、人に忍耐力をつける一面がある。

小銭を貯めて、商売をして、当たった人が金持ちになる。腹がすわっている。それって、小銭を貯めている時に、身に付けた忍耐力かもしれない。小銭を貯めて大きくなった人は、貯めている時の苦労を知っている。だから、堅実な商売しかしないいんだ。

だから、なおさら金持ちになるんだなあ。

僕のように小銭でボンボン・ジュースを買っているようでは、最初のスタート地点で金持ちになることはできない。

失格点がついてしまうなあ。患者さんの中には、小銭を貯めて土地を買って、貸しビルを建てた人もいる。小銭は馬鹿にできない力を持っていると思った。

71 どんな人にも幸せが約束されている

腰をおろした木製のベンチが腐りかけていた。支えた手に、トゲが刺さった。痛いと思ったが時遅く、ぐっさりトゲが刺さっていた。なんとかハサミの先で皮をむいて取り出した。バンドエイドを貼った。痛みもとれて、スッキリした。

たったトゲが刺さっただけでも、「さあ大変」な、人間の心——健康って本当にありがたいと思った。健康がいかに幸せかと思った。

電話が鳴った。「祖父の様子がおかしい」とそこの家族から言われ、急いで往診に出かけた。昼休み中で急がなくては、早く早くと心があせる。車のスピードも上がった。くるっと曲った曲り角。自転車で警察官が待ちかまえていた。スピード違反である。こんな所で二点も減点だ。早く、おじいさんの家に行かないと大変だ。

家に着いた。どうしたのか？　喉に何かつまって苦しそうだ。とにかく痰をとってみよう。おじいさん、頑張れと声かけをするが、返事してくれない。背中をどんどんと叩いた。苦しい中で、咳を吐くようにして喉につまったものがとび出した。

顔も少しピンク色が戻った。ほっとした。幸せだなあ、と思った。家族はもっと幸せそうだった。冷静になった僕は、「そうだ、警察につかまったんだ」と思いだした。でも、まあいいか。おじいさんが平常にもどったんだから、こんな日もあるなと思った。

そのとたん、理由などないが、幸せを感じた。

どんな小さなことにも幸せを感じることができる。

人は目に見える「お金、車、家」を持ちたいという欲がつっぱればつっぱるほど、もっと持ちたいと思うようになって、物質に心が奪われてしまう。感謝の気持ちが薄れて、ありがたみを感じられなくなる。幸せだなあと思う感情が欠落してしまう。

どんな人にも、幸せが約束されているのに、それが見えなくなると不幸だ。

その日その日の、小さな幸せを感謝しよう。

今日も無事終わったことが幸せだ。

72 自分に暗示をかけてみよう

ひどい一日でも、歩きながら「なんて幸せなんだろう」と何度も言いながら、帰宅すると良い。

僕は、車を運転しながら、一日の終わりに、何て幸せなんだろうと言う。

隣の席で、娘である犬が「お父さん」「どうしたの?」頭がおかしいと言って、僕の顔を見ている。


君がいるから幸せだ!!


何も良いことはないが、言っているうち、良いことが起こりそうな気分になる。

自分で自分に暗示をかけるようにしている。

するると、体も心もくたくただったのに、家に着くと、腹ペコになっている。

娘の犬の食事を作り、二人で「幸せだね」と言葉にする。一日のストレスのガスが体の外へ出る。

帰宅前に、気分が切り変えられる。

深い睡眠がとれる。

「イライラ」「モヤモヤ」するが、誰にこの気持ちを話せばいいのかわからない時がある。それは、一日のストレスガスを毎日、胸の奥に閉じこめているから、そのため「モヤモヤ」気分になってしまう。

「幸せだなぁ～」と言葉に出して暗示をかける。脳は、「そうか幸せなのか」と言ってストレスガスを作らなくなっていく。

少し馬鹿な方が楽しいかもしれない

馬鹿、馬鹿シリーズ①

二〇年前、僕は医師として他の資格を習得する時期であり、夜中も勉強が続いていました。若いからできた夜中の勉強ですが、お腹がとてもへるのです。

近くのコンビニへ弁当を買いに行きました。そのとき真冬の寒空の元で暮らすホームレスの人に買った弁当をあげたのです。

「これ、食べませんか？」と声をかけて弁当を渡したところ、その人に「こんなもの食えるか！」と怒鳴られた。世の中を知らない僕は、なぜ叱られたのか、意味がわからない。

人に優しくして叱られた。納得がいかない。

誰かに、叱られた理由を聞きたかったのです。

でも「ホームレスの人にあげた」と他人に話すと周りの人達からは、「絶対、余計なことをするお前が悪い」「馬鹿だ！」という答が返ってくるのがわかっているだけに、聞けないという訳がありました。

数年経った忘年会で、失敗談を話すことになったのです。

数年間胸の中でくすぶっていた「弁当叱られ事件」を皆に言ってしまった。忘年会は大盛り上がりになったのです。

「お前は、馬鹿だなぁ〜」と言う声で、ひとりの年配の男性が立ち上がった。

ホームレスの人は、新しいその弁当には、「毒が入っていることも考えられるので食べないんだよ」と言った。人が食べ残したものの方が安全なんだそうだ。

その忘年会で話をして良かった。長年納得できなかったことが理解できてスッキリした。

人に笑われたけれど、スッキリした。でも世の中には、いろいろなことを知っている人がいるのを勉強できて感心した。

人は偉くっても、偉くなくっても関係ないんだなあ〜。人は人によって支えられて、一歩も二歩も前進するんだと思い知らされた一幕でした。

教科書には書いてない勉強を教えてもらえる。それは、人によって教わる生活の知恵、そして一般常識が、生き抜く上では大切なんだなあ〜と思った。

かなり馬鹿な僕にとっては、毎日が勉強で、毎日がわくわくして生きていられる。

人は少し馬鹿な方が楽しいかもしれないですね！

馬鹿、馬鹿シリーズ②

家の近くに大きな公園があります。北風がピューピュー吹いて耳が冷たい。仕事が忙しかった後の散歩は辛い。だが犬にとって唯一の楽しみが散歩である。

重い腰を上げて出かける。途中で、ボゥ～と立っていると少し離れた所に犬がいるではないか。あわてて走り出す。しかし、見ると自分の犬はリールにつながれている。

「あれまあ！」自分の犬と全く同じ顔と体の犬であった。そこそこ似ている犬はいるが、全く同じサイズで顔も一緒の犬に会ったことがなかった。

うちの方はメス、相手の方はオス。相手の飼い主さんに突然話しかけてしまった。

「僕がボゥ～としていたので、うちの犬が離れてしまったと思ってしまったのです」と訳を説明している間に、犬同士が喜んで楽しくじゃれあっていた。

どこの誰とも聞くことなく、どんどん会話が進んでしまった。しゃべるだけしゃべる。

「じゃぁ、またね」と言って別れるのも飼い主さん同士の特徴かもしれない。

犬を飼っていない人から見れば、馬鹿げた光景だろう。どこの誰とも聞かないで直接会話に入れる不思議な世界がそこにある。

二〜三度立ち話をした後、ある日の新聞に大きく写真が載っていた。どこかで見たことがあるが思い出せない。四度目にまた出会った。「あっ！　新聞の人だ！」。でも余計な話はしない方が迷惑じゃないと決めた。いつも通り相手の方から会話がどんどん進む。しゃべるだけしゃべって、「じゃぁ〜ね」と言われる。

人って見かけだけではわからないものだ。あんな有名人が普通のかっこうで、普通の生活をしている。人って偉くなればなるほど見栄や欲がとれていくんだなあ〜、と教えられた。

犬の散歩も捨てたもんじゃない。僕がボゥ〜としている。だから相手が警戒心がないからしゃべるのだろう。僕がしゃべる三倍はしゃべる。僕の出番などない。

社会的に有名な人って、普段ストレスが溜まっているから、相手を見て僕みたいに馬鹿なやつにストレス解消でしゃべっているのだろうか。

世の中を知らない僕にとって日常は生きた教科書だ。

馬鹿、馬鹿シリーズ③

子どもの頃、友達の誕生会に行った。その家の屋根には穴が開いていた。トタン屋根だった。母親が入口で「入って、入って」と次々に来る客を招いていた。テーブルにケーキが六～七人分切ってあった。

すわりたくても、汚くってすわりにくい感じだった。

その彼が、ある日、「古い映画を寄せ集めたのがきている。二本立で安く見られるよ」と言う。中学生の僕達はお金がないから安いのは助かる。「行く、行く」と言って出かけた。

スティーブマックイン主演の映画だった。題名は『華麗《かれい》なる賭け』だったか？『華麗《かれい》なる相続人』だったのかさだかではない。内容もはっきり覚えていない。

彼は映画を観た後、大変興奮して「僕は絶対『華麗《かれい》なる相続人』になる。絶対になる」と声高らかに電車の中で叫ぶ。『華麗《かれい》なる相続人』のタイトル名を覚えてしまった。

歳月は流れ、同窓会があった。三〇年ぶりで、皆の顔もスタイルも変わっていた。誰が誰だかわからない。

映画を一緒に観に行った彼は、言うに言えない貧乏生活をしていた子ども時代とは全く違っていた。結婚して幸せになっていた。嫁さんの父親が残した財産で本当に「華麗《かれい》なる相続人」になっていた。今ではビルも所有している。

あの時のトタン屋根の穴は、いったい何だったんだろう。空を見る穴だったんだろうか？いや違う。彼の未来を見る穴だったんだ。

人はテレビを見ていて「野球選手になる！　絶対なる！」と決めて本当になっている人が多い。

日常生活の場面でふとなりたいものにぶつかる時がある。未来の姿があるから、なりたいと思う瞬間に出会うのだろう。

コツコツと努力して、なりたい自分になる人が実際にいるんだと思った。

馬鹿馬鹿しい話の中には、魔法があるのかもしれない。友達の馬鹿げたあの時の言葉が耳に焼きついて今、よみがえる。それが現実になるなんて信じられない。

今の環境で人を判断してはいけない、人の値打ちは、やりとげようとする道のりにあると思った。

僕も頑張って夢に向かって歩む努力をもう一度したい気持ちでいっぱいになった。

おわりに

オリンピックが二〇二〇年に開催されることで、日本国内が慌《あわ》ただしくなってきている。消費税が高くなり、一人、一人が不安になっていると思う。

そうした不安定な時は、頭が混乱してしまう。詐欺《さぎ》にかかりやすくなる。

変だと思った話は、どこまで行っても変なので、「交番に早く行き、話を聞いてもらう」。面倒臭がらないようにすると事件を自ら防ぐことができる。

外国からの労働者さんが多く日本に入ってくることもあり、今まで通りの日本ではなくなる所も出てくるだろう。

時代が変わろうとしている。

「平成からどんな名前になるのだろう」

現金の使用から電子マネーの使用が増加するにつれて、馴れない変化だらけの時にまたがっているという時代はそうそうはない！

チェンジされていく日本で、自分自身も考え方をチェンジする必要があるかもしれない。

浅川雅晴

精神科医が導く
「こころが疲れたなぁ」と思ったら読む本

著　者　浅川雅晴
発行者　真船美保子
発行所　KK ロングセラーズ
東京都新宿区高田馬場 2-1-2　〒 169-0075
電話（03）3204-5161（代）　振替 00120-7-145737
http://www.kklong.co.jp
印　刷　中央精版印刷（株）
製　本　（株）難波製本

落丁・乱丁はお取り替えいたします。
※定価と発行日はカバーに表示してあります。
ISBN978-4-8454-5083-1　C0211　Printed In Japan 2019

○本書は2012年1月に弊社で出版した「心のパワー70の言葉」を改題改訂したものです。